U0580563

齐 鲁 文 化 与 治 国 安 邦 ｜ 张文珍 王凤青 主编

齐鲁文化中的
以民为本

魏风云 赵 准 著

人 民 出 版 社

目　　录

绪 论

　　中国传统民本思想源远流长，萌芽于夏商时期，是古代政治智慧的核心内容。"民惟邦本，本固邦宁"最早出自《尚书·夏书》。夏朝初年，太康即位，但这位新王沉迷酒色，不理政事，招致百姓反感。国破家亡之后，太康的五个兄弟和他们的母亲出逃到了洛河边上，感慨道："皇祖有训，民可近，不可下。民惟邦本，本固邦宁"。其大意是祖父大禹曾经训示我们说，对人民应该亲近，不可以轻贱失礼。人民是国家的根基，人民安定了，根基牢固了，国家才能安定。"民惟邦本，本固邦宁"，凝练表达了"民本思想"的深刻意蕴，民众是国家的根本，只有民众生活稳定，国家才能长治久安。

春秋战国时期，诸侯争霸，社会动荡，统治者认识到民众对于国家安全稳定发展的重要性，从而"敬天"而"保民"，使"民本思想"在春秋战国时期得以补充、完善和发展，并展现出了其强大的生命力，对治国理政发挥了重要作用。也促使社会的结构，从政治、经济、文化等方面开始发生深刻的变化，为当时齐、鲁民本思想的形成、成熟和发展创造了条件，深刻影响了中华文明的产生和发展。

从政治条件看，春秋战国时期是封建制度从分封制向郡县制转变的阶段。为了争夺霸权，诸侯国之间频繁进行战争，在造成大量人口流动的同时也促进了各民族不同文化之间的融合，深刻影响了各国政治制度的改革和变革。在这样的环境下，统治者开始意识到民众是国家兴衰成败的关键因素，必须重视民众的利益和意愿，对民众采取各种安抚、教化措施来利用和统治民众。在社会变革的同时，民众自身也对自己在社会中的地位和作用开始觉悟，对君主以及贵族的剥削压迫产生了不满与反抗，希望能够改善自己的生活状况和政治权利，为民本思想中政治重民的产生提供了动力和条件。

从经济背景看，春秋战国时期统治者为了增强其综合实力，大力发展农业、手工业、商业以及组织开展交通运输业等经济活动。丰富又多层次的经济活动发展了社会生产力，促进了社会分工的细化，也催生了新的社会阶层和经济利益集团。在此背景下，统治者开始意识到民众是创造物质财富的重要资源，因此更加重视民众的生产活动和消费需求，采取各种措施来鼓励、保护、管理和调节民众的经济行为。同时，民众也开始意识到自己在经济中的地位和作用，对统治者的征税和盘剥产生不满和反抗，要求改善自己的经济状况和经济权利，为民本思想中经济富农的产生提供了动力和条件。

从文化背景看，春秋战国时期是诸子百家思想"百花齐放、百家争鸣"的交流、交融、碰撞、"摩擦"的关键时期，各诸侯国为争夺霸权大力发展教育、思想、文学、艺术和科技。一系列的举措使得诸子百家的文化思想繁荣发展，同时也促进了各种思想思潮的多元化，孕育出了新的文化流派和思想家。在此背景下，统治者也认识到民众是思想和文化的创造者，是智慧的来源，开始重视对民众的教育和培养，采取多种措施来吸纳、利用、培养和控制人才。同时，民众也开始意识到自己在文化中的地位和作用，对统治者和贵族的禁锢和蒙蔽产生了不满与反抗，为民本思想中文以教民思想的产生发展提供了动力和条件。

在上述政治、经济、文化等多种因素的共同作用下，春秋战国时期所引发的深刻社会变革，为民本思想的繁荣发展创造了条件，中国传统民本思想也以齐、鲁民本思想作为主流形成并逐步成熟。春秋战国时期，齐、鲁民本思想的形成与发展，反映了当时的社会实际和民众的真实需求，也体现了当时诸子百家的理性判断和价值取向。齐、鲁民本思想不仅成为齐鲁文化的精华，更是中国古代政治思想的重要组成部分。不管是当时还是后世，都产生了极其重要而深刻的影响，成为此后两千多年中国民本思想的源头与基础。

　　齐国的民本思想和鲁国的民本思想虽有共通之处，但由于当时齐、鲁两国建国方略的差异和人文地理环境的不同，从而形成了两种既有差别又有联系的地域文化——齐文化和鲁文化，并因而形成了两种风格不同的民本思想。齐国以管子和晏子为代表的思想家，继续实行"俗之所欲，因而予之""通货积财，富国强兵"（《史记·管晏列传》）的传统政策，故而形成了以重民、富民为核心的民本思想。在同一时期的鲁国，以孔孟为代表的思想家，把民本思想的发展推进到了一个新阶段。孔子提出了"仁"和"为政以德"的思想；孟子提出了"民贵君轻""得乎丘民而为天子"（《孟子·尽心下》）的仁政学说，形成了比较完整的民本思想体系，把先秦儒家民本思想上升到了一个新的高度，标志着民本思想的基本成熟。战国后期的荀子，主体思想属于儒家，但由于其久居齐国，在稷下学宫三为祭酒，深受齐文化影响，批判吸收了稷下诸子百家的思想，使得齐、鲁民本思想最终在他那里得到了深化、融合和发展。由此，民本思想成为封建统治者和诸子百家治国思想的精华，深刻影响了中国几千年社会的发展和进步。

　　就传统民本思想的"任务"而言，首先要解决的是百姓与国家、君主的关系问题，如"民惟邦本""民贵君轻""立君为民""民者，万世之本"等，都强调百姓在国家政治中的基础性地位。"敬德保民"是民本思想的重要内容，商纣暴虐，姬周灭之，西周统治者看到民众力量的强大，提出"敬天保民"

的政治主张。敬德保民的思想为后世继承，衍生出"顺民""爱民""富民""教民"等思想，如"政之所兴，在顺民心；政之所废，在逆民心""仁者爱人""养民也惠""莫若平政爱民"等。"使民以时"是民本思想的重要内涵，关系着国家的兴衰存亡，是实现国富民强的重要途径。相传早在五帝时代，掌管历法的羲和就曾"敬授民时"，颁布历法以指导农业生产；管子主张"务时殖谷，力农垦草"，认为"无夺民时，则百姓富"；儒家也将"使民以时"作为重要思想理念，孔子、孟子、荀子都有相关论述。因此，历来受到思想家和统治者的高度重视。

从上古时期《尚书》中的"民惟邦本"之训，到延安时期毛泽东同志提出的"为人民服务"，再到新时代习近平总书记提出的"人民对美好生活的向往就是我们的奋斗目标"，民本思想贯穿于整个中华民族发展历史的始终。更为重要的是，自古到今的"民本"思想不仅仅是停留在思想理念层面，而是在更大程度上成为执政者的施政方针，并转化为具体的政治实践。中国共产党确立的"全心全意为人民服务"的根本宗旨，更是对中国传统的民本思想的传承和创新。

几代中国共产党人，完成了对传统民本思想的创造性阐释和发展。纠正了传统民本思想中的英雄史观，树立了人民群众创造历史的唯物史观。坚持群众路线为根本工作路线，高度重视人民群众在国家中的主体地位，将儒家的"为民做主"思想转化为"人民当家作主"的政治实践；高度重视人民群众的历史地位和作用，继承了儒家强调的爱民、重民、富民、教民的思想，坚持人民至上，实现了从传统"重民"思想向"全心全意为人民服务"思想的转变；高度重视解放和发展生产力，始终坚持以经济建设为中心，使人民群众对美好生活的需要不断得到满足，实现了从传统"富民""养民"思想向关注"民生"思想的转变，真正完成了从传统"民本"到现代"民主"的转变。

一、源清流洁：敬天保民治之道

梁启超在《先秦政治思想史》中指出，与其他文明相比，中国文明在政治思想方面有三大特色，分别为世界主义、民本主义和社会主义。可见以"民惟邦本"为代表的传统民本思想，对历代政治理论和实践所产生的深远影响。在论述中国传统政治思想时，梁启超指出，我国有力之政治思想，乃欲在君主统治下，行民本之精神。此理想虽不能完全之实现，然影响国民意识者既已甚深。钱穆先生在批评西方学者简单地把古代中国等同于"黑暗专制"时指出，因为有强大的民本思想及传统，古代中国多数时期是士人政府、平民社会，至多是开明专制。

我国传统民本思想，萌芽于夏商时期，发展于西周、春秋之际，齐、鲁民本思想在这个时期得以快速成长，到战国时期已臻于成熟，成为儒家学派人文精神的基本理念，历经后世被诸多思想家传承、批判、吸收和发扬，成为中国古代政治哲学思想的核心理念之一，诸多统治者和政治家基于民本思想制定其治国方略或阐述其政治理念。在中国几千年的历史长河中，传统民本思想贯穿于封建王朝始终，早已成为中华民族文化基因中的重要内容，既有其主流的积极影响，也有其自身固有的局限性，到今天仍然发挥着重要作用，深刻地影响着中华儿女的思维和行为方式。

（一）传统民本思想的基本内涵

原始时代的母系、父系社会，生产力水平极为低下，人们须团结互助才能得以生存。文明发展到氏族、部落、部落联盟直至邦国时期，仍然没有等级分明且严格的君臣关系，部落首领更像是一个大家族的家长，管理着家族里的诸多事务。《管子》中记载，"古者未有君臣上下之别，未有夫妇妃匹之合，兽处群居，以力相征。""智者假众力以禁强虐，而暴人止。为民兴利除害，正民之德，而民师之"。远古部落首领，圣贤君王无不是辛勤为民，为民众所推举拥戴。有巢氏"构木为巢，以避群害，而民悦之，使王天下"；燧人氏"钻燧取火，以化腥臊，而民说之，使王天下"；神农氏"因天之时，分地之利，制耒耜，教民农作。神而化之，使民宜之"。《周易·系辞下》记载："黄帝尧舜，垂衣裳而天下治。……刳木为舟，剡木为楫。舟楫之利，以济不通，致远以利天下。""服牛乘马，引重致远，以利天下。……重门击柝，以待暴客。……断木为杵，掘地为臼。臼杵之利，万民以济"。原始时代部落首领禹更是"身执耒臿，以为民先"。《吕氏春秋》中记载的大禹治水的动人传说体现出远古圣贤执政为民的伟大实践："禹立，勤劳天下，日夜不懈，通大川，决壅塞，凿龙门，降通漻水以导河，疏三江五湖，注之东海，以利黔首。"

在远古时期，利民、济民、为民辛勤劳作的首领和圣王才能得到民众的拥护。《国语·鲁语上》曾历数先王的功绩：尧能尽力协调刑罚用来规范民众；"舜勤民事"，死于苍梧之野；禹率领百姓治理水患；契任司徒，敬敷五教而使百姓和睦；稷勤播五谷而死于黑水之山，他们都有功于百姓。《墨子·尚贤下》曰：尧、舜、禹之世，天下和睦，百姓众多，"近者安之，远者归之，日月之所照，舟车之所及，雨露之所渐，粒食之民，莫不劝誉"。《淮南子》中描述上古之世言："古者，上求薄而民用给，君施其德，臣尽其忠，父行其慈，子竭其孝，各致其爱，而无憾恨其间。"上古之世，统治者的欲求甚少，而百姓的饮食日用却很丰足，国君施行道德教化，大臣尽职尽忠，父亲慈爱，儿子竭尽孝道，彼此相互关爱而并无明显等级之分。

远古帝王尧舜禹的"禅让"之风，引申出首领的产生必须以民意为基础，通过民意推选贤能的君王来治理国家；原始部落的首领用仁德之心治理百姓、体恤民苦、施恩泽于百姓。这些治国理政思想与社会实践都孕育出了传统民本思想的种子。许多思想家把先王之世描绘成一个政治清明、施行仁政、君民同乐、百姓和睦的美好理想社会，所谓"大道之行也，天下为公，选贤与能，讲信修睦……是谓大同"。

民本思想的内涵，普遍认为是指中国古代历史上将民众视为治国安邦、关注和重视人民利益、论述民众和政权存在之间关系的政治学说。它重视民众在社会政治、经济、文化等方面的地位和作用，具有深刻的人民性和进步性。"民惟邦本"是齐、鲁民本思想的集中表达，但作为名词的"民本"，并不存在于中国古代的政治"词典"之中，"民"和"本"是分别出现的。"民本"作为"民惟邦本"等相关思想的代称，最早出现于梁启超所著《先秦政治思想史》中，梁启超用"民本主义"讨论先秦的治国理论，自此以后，"民本"概念得以流传和使用，成为研究中国传统文化"以民为本"思想的代庖。

"民"与"本"二词，源于古文《尚书·五子之歌》中的"民惟邦本，本固邦宁"，以及《穀梁传·桓公十四年》中的"民者，君之本也"，尽管有相关史料证实，古文《尚书》为东晋梅颐的伪作，真伪混淆，但其保留了商和西周的相关重要史料，依然具有重要的参考价值。另外在其他古文献中也有相关记载，比如，《穀梁传》中强调"民者，君之本也"，其意与"民惟邦本"内涵相通；《管子·霸形》中记载，桓公问管子"敢问何谓其本"，管子对曰"齐国百姓，公之本也"；《晏子春秋·内篇问上》中记载，"义，谋之法也；民，事之本也。故反义而谋，倍民而动，未闻存者也"；《晏子春秋·内篇问下》中也记载，"婴闻之，卑而不失尊，曲而不失正者，以民为本也"；等等。从春秋战国时期诸子百家的诸多典籍中，我们不难发现，对于"民"与"本"的认识较为完善，其内在逻辑也已经有了相对完整的论述和思想体系。

鉴于"民本"一词并不存在于中国古代的政治"词典"之中，而是后人的总结阐释。为了准确理解"民本"思想的内涵，需要对先秦时期"民"与"本"的基本内涵进行界定。先秦时期，

"民"的含义有广义和狭义之分。广义的"民"和狭义的"民"各包含哪些群体，齐鲁文化中关于"民"的论述较多，具体含义又是什么？"本"的内涵是什么？因此，只有从根源上梳理清楚，才能够对齐鲁文化的"民本"思想有较为完整而深入地理解。

1."民"

上古时期，大抵"民神杂糅"，直至颛顼通过任命司天与司地，改变了这一局面。《国语·楚语下》中记载："少暤之末，民神杂糅，不可方物，颛顼受之，乃命南正重司天以属神，北正黎司地以属民，是谓绝地与天相通之道也。"这便是上古时期著名的"绝地天通"的传说。司马迁在《史记·太史公自序》中也说："昔在颛顼，命南正重以司天，北正黎以司地。唐虞之际，绍重黎之后，使复典之，至于夏商，故重黎氏世序天地。"可见，从传说中的上古时代直到夏商，"民神杂糅"以及"绝地天通"的情况曾经不止一次地出现。这也显示出当时人神关系的变化：即统治阶层及其"代理人"逐渐"垄断"了这种权力，普通民众则逐渐失去了与神直接"沟通"的权力。而对于失去了直接与神进行沟通的权力占人口绝大多数的普通民众来说，也逐渐走向了与统治阶层相对立的一面；在统治者的眼中，所谓的"民"，也逐渐成为统治的对象。

自"绝地天通"以后，统治阶层垄断了"人"与"鬼""神"之间的"对话"。夏人尊天神，殷人将夏人的"天神"改称为

"帝"或"上帝"。殷商最尚鬼神，《礼记·表记》云："殷人尊神，率民以事神，先鬼而后礼，先罚而后赏，尊而不亲。其民之敝，荡而不静，胜而无耻"。可见在当时，统治者对鬼神的信仰已无以复加，基本是"尊神抑民"的状态。其间，统治者为了达到某种统治目的，必须借助民众，但其依然以自我为重，以"鬼""神"的名义对民众发号施令。比如，商汤在起兵灭夏之时，公然宣称，"非台小子，敢行称乱。有夏多罪，天命殛之"，并告部众："尔尚辅予一人，致天之罚，予其大赉汝。尔无不信，朕不食言。尔不从誓言，予则孥戮汝，罔有攸赦。"商汤深信神对自己的保佑。在战胜夏后，汤所做的第一件事便是"欲迁其社"。故而与其说是商汤战胜夏桀，毋宁说是商人所信仰的神，战胜了夏后氏信仰的神。

当然，"神"的庇佑并没能挽救商朝覆亡的命运，牧野之战，商朝灭亡。随着人类社会分工的不断演进，"神"在人世间的地位逐渐开始走向"没落"，同时"人"的意识在不断觉醒，统治者逐渐认识到民众的力量，如商王盘庚迁都，是为"恭承民命，用永地于新邑"，提到了"民命"的命题。《尚书·高宗肜日》载，贤臣祖己劝谏商王祖庚曰"王司敬民，罔非天胤"。

周人终于认识到"天命靡常""天不可信"，一方面这固然是周人使自己"革命"行为合理化的一套说辞，但另一方面也说明，周人对民众力量的认识已经大大超过了殷商贵族。商王虽然可以实现与"神"的直接"沟通"，但如果施行暴政，违背了民众的意愿，便会遭到"神"的惩罚，甚至最终落得国破身死的下场。周人在灭商的过程中体会到了民众的力量，认识到民众在国家中的重要作用。周武王在灭商后郑重其事延告于天曰："余其宅兹中国，自之（兹）乂（治）民。"至此，商周之际思想界发生嬗变。此前为夏、商统治者们所笃信的本族的神，开始被更普遍意义上的"天"所取代。周公告诫成王要以民心为根本："呜呼！有王虽小，元子哉！其丕能诚于小民！"并祝愿他说："欲王以小民受天永命。"但"天"对统治者的护佑，亦不是无条件而为之，而何以窥知"天意"？民意便成了最重要的依据。

传统民本思想中广义的"民"，是指君主统治下的全部对象，即"天下百姓皆为皇帝子民"，并将"民"划分为三六九等。一方面，统治者鼓吹君主的权力是上帝赋予的，君主代表上帝行使权力、统治下民。譬如，《诗经·大雅·荡》中，"荡荡上帝，下民之辟"，意思是说上帝虽然骄纵又放荡，但他却是下民的君王，"民"与"帝"相对应，"帝"是上帝委托来管理"民"的。《左传·襄公十四年》中讲到，"天生民而立之君，使司牧之"，意思是说上天生下百姓并为他们立了国君，让国君治理他们，这里的"民"，即上天委托君主统治的对象，"民"与"君"相对应。由此，从"民"与"帝"到"民"与"君"的变化，"民本"思想随着古代统治者的统治需要而形成和发展。另一方面，统治者在鼓吹君主代表上帝行使权力、统治下民的基础上，为便于治理，使治理更加规范化、科学化，将"民"划分了等级。譬如《管子·小匡》中讲："士农工商四民者，国之石民者也"，不管是士、农，还是工、商，都是国家的人民；《管子·任法》中讲，"夫生法者，君也；守法者，臣也；法于法者，民也"，意思是说制定法律的人是国君，执行法律的人是大臣，被法律管制的人是百姓。从这些典籍的记载中可以看出，强调君主是最高统治者，代替上帝统治下民，并且从立法、执法、守法的角度将君、臣、民等级进行了区别，臣是为君主服务的，臣和民都是君统治的对象，只是等级不同而已。《左传·昭公七年》中也有记载，"天有十日，人有十等。下所以事上，上所以共神也。故王臣公，公臣大夫，大夫臣士，士臣皂，皂臣舆，舆臣隶，隶臣僚，僚臣仆，仆臣台。马有圉，牛有牧，以待百事。"意思是自古以来人就分王、公、大夫、士、皂、舆、隶、僚、仆、台等十个等级。《礼记·王制》中又将人分为五等，"王者之制禄爵，公、侯、伯、子．男凡五等。诸侯之上大夫卿、下大夫、上士、中士、下士凡五等。天子之田方千里，公侯田方百里，伯七十里，子、男五十里。不能五十里者，不合于天子，附于诸侯，曰附庸。"以上典籍中虽然没有"民"概念的表述，却已经清晰地将民与上层等级区分开，天子拥有天下，诸侯享有封地，士大夫坐拥土地，劳动者用自己的劳动奉养着君与官。故有学者认为，"民"是统治者为达到统治目的，对他所统治下的广泛民众，根据赋予的权利的不同而进行的等级划分，人被区分为了三六九等，也就形成了社会地位的差别，但都是君主统治的对象。这就是传统民本思想中广义"民"的内涵。

狭义的"民"，主要是指从事农副业生产的劳动者。在中国的发展史上，农民始终是民众的主体，所以一些史料中也将"民"指代为"农民"。如《孟子·滕文公上》中记载，"民事不可缓"；《国语·周语上》记载，"民用莫不震动，恪恭于农"；等等。也有学者认为儒家所说的"民"并不是所有的民，而是"安分守己，能够为国家提供赋税的农民。"① 再譬如，《孟子·梁惠王上》中，孟子对齐宣王说："无恒产而有恒心者，惟士为能。若民，则无恒产，因无恒心。"意思是说，没有固定的产业和收入而具有道德理念和规范自己的行为的，只有士可以做到；而没有固定产业和收入的一般的民，也就是从事农副业生产的普通劳动者，便没有一般的道德观念和行为准则。还有学者研究认为，等级出现之后，"民"在一般意义上，是指所有处于绝对无权地位、从事各种生业的社会成员，是不具备官方身份的人②，即被统治着的庶民、群众。

除了以上内涵以外，在先秦的一些典籍中，"民"的内涵有时候与"人"义相通。《诗经·大雅·生民》中曰："厥初生民，时维姜嫄"，意思是问谁生下第一代周人，是姜嫄这位伟大的母亲，这里的"民"，指的是所有的周人。《诗经·小雅·十月之交》记载："民莫不逸，我独不敢休。"意思是说，众人全都

---

① 李宪堂：《先秦儒家的专制主义精神》，中国人民大学出版社 2003 年版，第 291 页。

② 诸凤娟：《民本思想的发展逻辑及当代价值》，浙江大学出版社 2012 年版，第 25 页。

享安逸，唯独我不敢享清闲，这里的"民"是指"我"之外的他人。另外，先秦时期，《诗经》《论语》《孟子》《荀子》《礼记》等典籍中，齐鲁文化中的"民"，还广泛地与"国人""百姓""黎民""庶民""众"等概念互换，但内涵基本上是指与统治者相对应的广大劳动群众。

综上所述，传统民本思想"民"的内涵应该包括三方面的含义。首先，"民"不是一个单纯的阶级概念，而是一个与君主、统治者"相对"的政治概念，代指处于无权地位的普通社会民众；其次，"民"是一个等级概念，有着明显的等级划分，一般指社会底层的民众；最后，"民"是一个整体概念，在传统民本思想中，将"民"唤作"黎民""万民""黎庶"等，都表明"民"在统治者概念中的整体性，是天下之根本。在中国几千年的历史长河中，恰恰是因为"民"的整体性，才成为能够与统治者力量相抗衡的强大力量，才能够被强调为国之根本。

2."本"

相对"民"而言，先秦时期"本"的内涵更易于理解。《论语·学而》中记载，"君子务本，本立而道生"；《荀子·致士》中，"国家之本作也"。上述"务本""本作"的意思是说抓住事物的关键、区分事物的轻重缓急是成功的关键。齐鲁文化中的"本"，较为认可的理解通常有二层含义，一是"民为国本"，二是"君为政本"。从字面意思理解，一方面强调民是国之本，另一方面又强调君是政之本，二者貌似有所冲突，实质上二者的内涵和侧重点不同。

第一个"本"，"民为国本"，是讲民众是国家的来源和根基，如果没有民众这个"本"，君主这个"末"也就失去了存在的条件，因此君主必须"顺天立本"，重视民生。其含义是从整个国家层面出发，指庶民是国家社稷的根本和基干，就国家存亡而言，庶民群体比在位之君更为重要。

第二个"本"，"君为政本"，是指君主是政治的主体和关键，强调的是"核心"意识，君主是政治的核心，也就是"强干弱枝，大本小末，则君臣分明矣"（《春秋繁露·十指》）。其含义是从政治内涵出发，指君主是国家、政党政治的核心和主宰，关系着庶民和社稷的安危存亡。就政治盛衰而言，在位之君比庶民群体更重要，国家中的君主和民众，政治中的君主和群臣，二者是"本"与"末"的关系。有"本"才有"末"、没有"末"也就无所谓"本"，二者是相互依存、辩证统一的关系。这也说明在中国几千年的封建社会中，封建君主专制制度与民本思想并行不悖。

从以上"本"的解释，可以看出，早在先秦时期，诸子百家就具有了一种万事万物必须追求本源、本质，通过考察事物的本源、本体来解释事物，抓住事物的关键和主要矛盾来解决问题的古代哲学辩证思维。

大禹（约公元前21世纪，又称夏禹、神禹），是原始社会末期的部落联盟领袖，夏王朝的奠基者，也是中华民族历史上最负盛名的治水英雄。相传在4000多年前的尧舜时期，中华大地连续出现特大洪水，给生活在黄河中下游的华夏部族人民带来重大灾难。禹吸取了父亲治水失败的教训，以水为师，根据水往低处流的自然规律，采取以疏为主、疏堵结合的治水方略，经过多年艰苦卓绝的实践，终于平定了经年不息的洪水。

平定洪水后，禹深知农业在国家发展中的重要性，又带领人民开挖沟渠，排除田间涝水，发展农业生产。"身执耒臿，以为民先"，是讲禹以身作则，为民树立榜样，亲自指导和参与农业生产，鼓励农民勤劳耕作，从而促进了农业的繁荣和社会的进步。禹以民为先、以身作则的举措，不仅体现了他作为一位君主的勤政和亲民形象，也为后世留下了宝贵的历史遗产。他的统治时期，政治清明，社会安定，经济繁荣，为华夏民族的发展作出了不朽的贡献。

（二）齐鲁民本思想的渊源与形成

公元前11世纪，周灭商，周武王将姜太公和周公封于当今山东之地，是为齐国、鲁国的开始。此后齐、鲁两国不断发展，至秦统一前的八百余年间，齐、鲁基本成为当时影响力最大的两个诸侯国。特定历史时期形成的齐、鲁两国的文化成为齐鲁文化的核心。在其形成的过程中，春秋战国时期的社会变革为齐鲁文化和民本思想的形成、成熟提供了空前发展的条件和可能。齐、鲁两国相邻而居、关系密切，但由于两国文化渊源、地理环境、历史传统、治国方略的不同，使得两国形成的民本思想既有显著差别，又有相融共通。齐鲁文化承前启后，其核心政治理念民本思想成为齐鲁文化的核心内容之一，也成为影响中国几千年的政治哲学思想，其积极性和局限性都为当时以至后世产生了深远的影响。

1.民本的滥觞与觉醒

相关文献记载，齐鲁文化的"民本"思想萌芽于远古时代三皇五帝时期的治民经验。自尧、舜之时，已经开始注意到民众的重要性。《史记·五帝本纪》中有皇帝"监于万国"，设官"以治民""抚万民""度四方"；帝尧"能明到德，以亲九族；九族既睦，便章百姓；百姓昭明，合和万国"；虞舜"敬敷五教"以教化民众。《尚书·皋陶谟》记载，"都，在知人，在安民……安民则惠，黎民怀之""天聪明，自我民聪明；天明畏，自我民明威"之语。《尚书·大禹谟》中有"德惟善政，政在养民"的观点。《尚书·益稷》记载，"烝民乃粒，万邦作义。"《尚书·五子之歌》中将"民惟邦本，本固邦宁"说成是夏禹之训。① 上述文献说明远在尧舜时期，部落首领已经开始注意到重民、安民、顺民以及征求民众的意见。

有部分专家学者认为，这些文献多是经由后世思想家根据某些传说或转述整理、记载、编辑而成，其中必然混杂了整理者自己的思想，有些甚至是一定的迷信思想，未必能够完全、真实和准确地记载、反映远古时期的真实状况。但我们在考察时发现，这些文献依旧反映了传统"民本"思想最初是源自统治者的政令和言说，是作为一种政治思想提出来的。同时，这些记载也真实地构成了后世思想家在言说民本思想时的论据、例证和文本来源的史料。伴随着最早国家形态的夏王朝的诞生，传统民本思想也有了一些基本的命题，从而成为齐鲁民本思想的滥觞。

"代天牧民"和"恭行天罚"的思想。上古时期，人们将一切自然现象和社会现象归结为"神"的旨意，"天"和"神"可以用来解释一切，王权对民众的统治、民众对王权的限制、民众对王权的反叛都是"天"与"神"的意思。比如，商汤灭

---

① 王荣：《中国传统文化中的民本与官德》，人民出版社 2020 年版，第 33 页。

夏就是因为夏桀残暴、招致民怨，所以打着"有夏多罪，天命
殛之""予畏上帝，不敢不正"的旗号，即虐待臣民是对天帝
上神的忤逆，因而必然受到天帝的惩罚，这种思想反映的实际
就是一种天命观。以此天命观为基础，出现了包含"天、君、
民"三者关系的民本思想的逻辑，就是"天""神"造民，同
时也爱民，因此派君主作为"天"与"神"在人间的代言人以
统治、管理和抚育民众。于是，这种天人关系就导出了民本理
念和天赋君权两个命题：先有民而后有君，君主是"天""神"
为治民而设，他必须对"天""神"负责，关爱"天""神"托
付给他的民众；"天""神"操纵万民之命，而王者"代天牧民"，
万民的一切都是王者代"天"赐予民众的，因而民众必须服从
王命，否则"天"、"神"、王将给予严惩。这期间，如果统治
者施行暴政，陷民众于水火，那么民众势必"恭行天罚"，以
"革命"的形式讨伐君王的不义之举。①

　　"政在养民"的思想。中国早期的国家形态是氏族宗亲维
系的家庭社会，家、国具有相似的结构和层级关系。在家庭
中，父权至上，父权在各个层面支配着其他家庭成员；同时，
宗族长对晚辈也有教化、养育的义务；同理，在国家中，君王
号令天下，臣民都要服从其统治，但君主也有责任施政以养
民。因此，"政在养民"，正是帝王为"天下父母"的题中应有

---

① 王荣：《中国传统文化中的民本与官德》，人民出版社 2020 年版，第
35 页。

之义。自远古时期，这种古老的父系氏族的家庭关系以及建立在其上的父权观念、宗族观念、宗教信仰等观念扩展到了国家、政治、经济、文化等各个领域，"家国""君父"的称谓也足以说明这点。"政在养民"，便是建立在宗法观念制度基础上的王权政治文化的重要构成之一。

"敬天保民"的思想。周公因亲历武王伐纣的牧野倒戈，看到王朝覆灭和更替的过程中民众的作用，提出了"天畏棐忱，民情大可见"（《周书·康诰》）、"人无于水监，当于民监"（《周书·酒诰》）的思想，把天命和民情联系起来，视民情为天命。在此背景下，西周时期的统治者和诸子百家就天意和民心、君权和政德、王政和保民等关系，提出了一系列的思想命题，以论证设君、为君之道，有力促进了传统民本思想的发展。在《周礼》中记载了许多与民本思想相关的政治策略和措施，如"采风观俗""体察民情""征求民意"等"敬天保民"的思想理念。在此思想理念的指导下，提出了较为系统的重民原则和措施。

随着早期国家形态夏的建立，民本思想从初现端倪到形成了众多相关思想命题，并逐步形成了体系。但由于这些命题是历朝历代统治者及其辅臣提出的，因此最早的"民本思想"是作为一种政治思想、政治需要而产生的。

2. 民本的形成与成熟

春秋战国时期，在中国历史的发展进程中是一段特殊的、标志性的历史阶段。此时周天子式微，群雄争霸，权力下移，旧的社会权力逐渐瓦解、新的社会政治逐渐重构。据有关记载，春秋时期曾发生百余起弑君和君主出逃现象，这段时期呈现出了君臣关系紊乱、大权旁落、礼崩乐坏的景象。这一重大时代变革造成的影响，是促使民本思想确立并系统化的主要原因，更是齐鲁文化发展的关键时期。

首先，政治变革势必伴随着民众力量的崛起，统治者直观地感受到了民众的强大力量。历史的现实和直观的感受使统治者开始思考神或者上天与民的地位、关系与作用，在反思兴衰、成败、治乱的历史经验过程中，统治者得出了"得民心者得天下""亲民者胜之"的结论，并根据统治需要作出了相应调整。《左传·桓公六年》中记载："民，神之主也""圣王先成民而后致力于神"；《国语·鲁语上》记载："民和而后神降之福"；《左传·庄公十年》记载曹刿论战的故事：曹刿认为取得战争胜利的根本保障是君主利民、慎刑。这些思想弱化了殷商时期神的主导地位和决定作用，将民置于了比神更重要的位置。

其次，群雄争霸的社会变革使统治者和幕僚们开始思考君臣关系、君民关系、施政方式，到底哪种更有利在诸侯争霸中居于不败之地并实现壮大和发展。于是，诸侯各国开始招兵买马、广纳贤士，直接促使了百家争鸣局面的产生和发展。执政者为了江山社稷和政权的稳固，纷纷求才纳贤，而诸子百家则在这一过程中以辩论争鸣的形式来谋得一家之尊，儒家就是在这一过程中脱颖而出。

再次，百家争鸣局面的出现使抽象化的政治思维得到长足的发展。这一表现集中体现在"王"的概念化和"设君之道"的理论化。"在春秋战国时期，'王''君'从权力者的具体称谓抽象为政治范畴"，"作为一个政治范畴，'王'是君道的高度概括和文化符号。"① 即现实中的"王"，是奉行"王道"的王者具体；而理论中的"王"，是接受理论上"王"与"王道"规范与制约的具体。这也意味着"王"的概念已将"王权"与"规范"统一化、合二为一，显然，这个概念是为规范"王权"、评价"王道"而设。随着"王"的概念化，"设君之道"也进一步系统化，"设君之道"的系统化也意味着"民本思想"开始系统化。而在此百家争鸣时期中逐渐形成、成熟的"民本思想"，诸子百家既有其共同之处，也有各自的侧重不同。

儒家民本思想的核心观点是"国家是君主之本，庶民为国家之本，所以安定民生是为政之本"② 。孔子是儒家学派的创始人，他的民本思想主要表现为"仁者爱人""正名"和"富民"。"仁者爱人"，指的是以爱己之心去爱人，修身的目的不仅在于提升自己，更在于"安民"，要求民众要有责任感、同情心。"己立"之后要"立人"，"己达"之后要"达人"，这

---

① 张分田：《民本思想与中国古代统治思想》上册，南开大学出版社 2009 年版，第 92 页。

② 刘泽华：《中国古代政治思想史》（修订本），南开大学出版社 2001 年版，第 350 页。

也正是《大学》中所提倡的修身、齐家、治国、平天下的境界与担当。"正名"与"仁者爱人"在实际上逻辑是统一的,"正名"的目的也在于强化君主的责任与义务,君主要担负起推行仁政抚育百姓、缓解民众疾苦的责任。在提出君主应推行"仁政"抚育百姓、缓解民众疾苦基础上,孔子进一步提出了"富民"的主张。《论语》中记载:"子曰:'庶矣哉!'冉有曰:'既庶矣,又何加焉?'曰:'富之'。"战国时期,孟子和荀子作为儒学的代表人物,分别发展孔子的仁学和礼学。孟子以仁为本,推行仁政,将宗法伦理化的帝王论推向极致。孟子的民本思想主要表现在"民为贵,社稷次之,君为轻"(《孟子·尽心下》)、"得民心者得天下"(《孟子·离娄上》)、"制民之产"(《孟子·梁惠王上》)三个命题中,后世的民本思想大都是来源于孟子的这三个命题。荀子以礼为本,兼儒、法二家之所长,在强调礼法、尊君的基础上,提出了一些为君之道的著名主张,如"天之生民,非为君也,以为民也"(《荀子·大略》),设君为百姓,因此君主要"民之所好好之,民之所恶恶之"(《礼记·大学》),还要"节用裕民""善藏其余""节用以礼,裕民以政",如若在位君主不能履行职责、荒淫无道,那么民众将其推翻是合情合理的。先秦儒学发端于殷周之际,在春秋战国又得到了系统发展,成为中国民本思想的主流,并奠定了儒学在历朝历代作为政治思想的主导地位。从此意义上,儒学既是中国传统民本思想的主要载体,也是中华传统文化思想的重要组成部分。

道家作为中国古代主流政治文化资源的学派，其思想中同样包含着丰富的民本思想。在其思想体系中，"道"是最高范畴，是宇宙本体、万物之母，为万事万物提供法则。道家创始人老子认为，君主及其君主制度是"道"在人间的体现，而道设君的目的在于教化百姓。可见这一思想与儒家"天之生民，非为君也，以为民也"的思想有异曲同工之处，都有"立君为民"的意蕴。老子曾思辨地说："贵以贱为本，高以下为基"（《道德经》），即在高处、高位者应以在低位处、位卑者为基础，明确提出了一些爱民治国之策，如"去甚，去奢，去泰"的思想，从老子的思想中可以推导出，"君以民为本"的观点。老子提出了"为无为"，认为："圣人之治，虚其心，实其腹，弱其志，强其骨。常使民无知无欲，使夫智者不敢为也。为无为，则无不治"（《道德经》）。老子的"绝圣弃智"的主张，实际是一种愚民以驭民之策。"无为而治"被后世诸多思想家继承并衍生出了与民休息的政策。

　　墨家民本思想的创始人墨子曾经一度专攻儒学，后来自成一家，因此其学说也深受儒家思想的影响。墨子最主要的思想是"正长"制度，建立自上而下的"正长体系"，其中包含着大量民本思想。墨子认为，"正长"体制是"天"为爱民而设，"古者上帝鬼神之建设国都，立正长也。"（《墨子·尚同中》）"正长"体制的目的是统一天下之义，赏善罚恶，使天下归于太平。"正长体系"的在位者要保住自己的地位，必须施行"兼爱交利"之政，"爱利万民"是王者受天命、做圣人的必备条件。墨子还主张实行"尚贤"政治，废止世卿世袭制度，不论出身，选贤任能。在"尚贤"思想的指导下，墨子提出了较为完整的"官无常贵而民无终贱"(《墨子·尚贤上》)的思想。墨子提出"正长"制度要与"刑政"配套，主张"善用刑政以治民。"(《墨子·尚同中》)除此之外，墨子还提出了"三表法"，即"上本之于古者圣王之事""下原察百姓耳目之实""废（发）以为刑政，观其中国家百姓人民之利"(《墨子·非命上》)，大意是说正确的认识和好的政令来自古代圣王对历史经验的考察、广大百姓的亲身体验和国家人民利益的实现。墨家的"贤能"政治在当时以至后世都产生了深远的影响。这种思想显然已经超越当时的年代，既是中国古代认识论的哲学思想，也蕴含着丰富的民本思想。

法家主张的民本思想十分重视民情、民心的作用，主张"君主无为"的治国之术，但"君主无为"的关键是君主要能够以高明的手段驾驭百姓。法家认为，君主的力量有限，"力不敌众，智不尽物，与其用一人，不如用一国。"(《韩非子·八经》)在君主任贤、兼听的基础上，君主就不必亲自去做、去听，也能够治理天下，但这种治国之术的前提是承认君主依赖于臣民，离开臣民的拥戴和支持，君主是无法稳固自己的政治地位的。基于上述认识，法家提出了较为系统的民本思想。一是提出"立君为天下"，"立天子以为天下，非立天下以为天子也。立国君以为国，非立国以为君。"(《慎子·威德》)明确表述了君主应为天下公利之需而设立。商鞅也曾有类似的

▍《管子》书影（明万历十年刻本）

表述，"故尧舜之位天下也，非私天下之利也，为天下位天下也。"（《商君书·修权》）二是普遍认识到民是国家政治之基础，慎到认为，"得助于众"是君主能够确立自己地位的决定因素。商鞅在充分认识到民众的力量后，提出，"圣君之治人也，必得其心，故能用力。"（《商君书·弱民》）国家想要富强，必须借助民众的力量，主张用各种手段调动民众力量来为君主政治服务。《管子》中记载："夫霸王之所始也，以人为本。本理则国固，本乱则国危"（《管子·霸言》），并依据民众的基础地位提出了系统的法治思想。法家主张立法要符合民众利益，"立法术，设度数，所以利民萌便众庶之道也"（《韩非子·问田》）；"法者所以爱民也，礼者所以便事也。"（《商君书·更法》）法家还主张要轻罪重罚是为民着想。商鞅提出，"重刑少赏，上爱民""多赏轻刑，上不爱民"；韩非子用慈母溺爱而"子多败"、父亲严厉而"子多善"，来论证"明刑以亲百姓"的君王是好的君王。可以看出，法家的"立君为天下""民为国本""立法为公、执法为民"等思想，虽和儒家民本思想多有不同，但也属于民本论者。

除儒、道、墨、法家之外，先秦关于民本思想的讨论还有阴阳、兵、杂、农、名等学派。这些学派的论题相对集中，主要是针对专门的议题展开讨论，为民本思想的丰富和发展作出了一定贡献。如阴阳家提出了"四时之政"，对历代统治者的治民之策产生了重要影响。相对阴阳家，兵家的民本思想更为丰富一些，《六韬》中提出了"同天下之利者，则得天下""人君必从事于富，不富无以为仁"；《孙子兵法》论述了"人和为本""以道理众""上下同心""能得民心"的重要性[①]；《孙膑兵法》论述了"天地之间，莫贵于人"的重要思想。杂家的民本思想，则更能体现战国中后期民本思想的发展趋势，《吕氏春秋》是先秦杂家的代表作，推崇君主"能齐万不同"（《吕氏春秋·审分览·不二》）的政治模式，其中有关于"立君为天下""民为国本"以及"爱民、富民、利民"的思想和政治策略。农家重视农业的思想与民本思想具有天然的相关性，《汉书·艺文志》中收录了农家的九部著作，农家提出"君民共耕"来强调农业的基础地位。名家代表人物邓析反对苛政、提倡法治，"夫水浊则无掉尾之鱼，政苛则无逸乐之士。故令烦则民诈，政扰则民不定。不治其本，而务其末，譬如拯溺锤之以石，救火投之

---

① 杨丙安：《十一家注孙子校理》，中华书局1999年版，第2—4页。

以薪""明君视民而出政。"(《邓析子·无厚》）从以上可以看出，阴阳、兵、杂、农、名等学派对民本思想的某方面都有各自的论述，却鲜有关于民本思想相对完整的著述，更没有对政治设计提出完整的思路，因而有其一定的局限性。

综上所述，可以得出以下结论。其一，诸子百家提出了各自的为君之道、帝王之术，不同的主张和持续的论争造成了"百家异说""百家争鸣"的社会思潮。儒、道、墨、法家学派在如何构建和维护政治体制的问题上虽有分歧，但是在治权在君、民为国本、立君为民等基础民本观点上却是殊途同归并无根本区别。不管从什么角度出发，基本重视治民问题，主张政在养民，提出了一系列爱民、富民、教民、使民甚至驭民的手段，比如法家不仅重视使民、驭民，也同样提倡富民、利民；儒家和道家不仅提倡爱民、利民，也强调愚民、弱民，爱民和使民毫不冲突的同时包含在上述民本思想之中。因此，在民本思想中既有"君本"与"民本"的对立统一，也涉及"爱民"与"使民"的对立统一。儒、道、墨、法四家都提倡两种手段兼备，只是在"尊君"与"重民"、"爱民"与"使民"的侧重点上有所不同而已。其二，在春秋战国诸子百家的民本思想中，基本的民本命题都可以找到，说明民本思想在这一时期已经具备了相对丰富的内容和系统完整的理论框架，并兼备思辨性与形象性，后世的民本思想大多是在春秋战国诸子百家民本思想的基础上进行解说、发挥和扩展。

3.齐鲁民本思想的形成与发展

随着春秋战国时期传统民本思想的形成和成熟，齐鲁文化中的传统民本思想的基本命题也逐步成熟并系统化，构成了完整的理论框架。齐国自太公开始贯彻"以民为本"的治国方略，经管子和晏子的继承和发展，继续实行"俗之所欲，因而予之""通货积财，富国强兵"（《史记·管晏列传》）的传统政策，促使齐国自西周时期迅速发展为大国，形成了以"重民""富民"为核心的民本思想，因此齐国民本思想的一个重要特点就是重"利"。同一时期的鲁国，以孔子为代表的儒家学者承继了周初的"重民保民"思想，提出了"仁"的学说和"为政以德"的思想，把"仁者爱人"作为基本出发点，提出了"爱民""富民""教民"等民本思想的主张。孔子时期将民本思想的发展推进到了一个新的阶段，形成了民本思想完整的理论。孟子吸收了孔子"仁"的思想，把"民"作为政治的根本点和出发点，提出了"民贵君轻"的理论和"仁政"学说，将先秦的民本思想发展到了一个新的高度，标志着民本思想的基本成熟。战国时期，出现了百家争鸣的新局面，齐国的稷下学宫为学术思想的繁荣发展提供了良好的条件。随着多种思想思潮的交融、交锋，民本思想的发展出现了批判与综合的趋势，荀子作为先秦儒家的集大成者，继承了儒家的主体思想，但又因其久居齐国，在稷下学宫三为祭酒，深受齐文化的影响，因此荀子批判吸收了稷下诸子百家的思想，荀子的人性论、王霸、礼法关系等思想，既继承了儒家文化的精髓也掺杂了齐文化的思想精髓，使齐鲁民本思想最终在他那里得到了深化和融合。

在齐鲁民本思想形成的过程中，由于两地文化的差异，导致了齐鲁民本思想既有相通之处，又各具特色。由于二者共同继承了周朝"敬德保民"的思想，因此齐与鲁的民本思想以共性为主、差异性次之。从整体上来看，两者都认为民为国之本，"民"决定了国家的兴亡，所以都主张要"爱民""富民"而后"教民"。在治民思想上，齐鲁两地由于地理环境的差异，而出现了很大的区别，齐国人思想活跃，更加开放，使得齐国文化呈现出更多的多元性和包容性。齐国统治者提倡"尊贤尚功"、积极发展工商业等治国方略，使得齐文化有明显的功利色彩，其民本思想更偏向于"富民""利民"。鲁国作为儒家学派的发源地，相对完备地保存了周时的礼乐文化，这种思想成为整个社会的行为规范渗透到百姓生活的方方面面，产生了以礼治、王道为基本诉求的儒家学派，其民本思想以"仁"为核心，更加注重德性理论建设。

🔗 **知识链接** ···

虞舜，中国上古时代父系氏族社会后期部落联盟首领，为古代传说中的圣君，被后世尊为五帝之一，是华夏文明的重要奠基人。虞舜在接受唐尧禅让后，通过寻访大胆任用德才兼备的贤人，明确了分工负责与官员考核制度，创立了"德为先，重教化"的舜文化，也使得百业兴旺、政通人和。

"德为先，重教化"是舜帝文化的精神之魂。舜帝的德圣主要包括孝感动天、厚德载物、举贤任能、纳言从谏、惩治奸佞、以德化人、扩大疆域、敬敷五教、禅让帝位九个方面。"敬敷五教"，是指虞舜恭敬地传布施行"父义、母慈、兄友、弟恭、子孝"五种伦理道德的教育。舜帝倡导为人、持家、做官、治国均以道德为人本，开创了中华道德文化之先河，被后人尊称为"道德始祖""百孝之首""文明之元"。司马迁著《史记》曾强调，"天下明德皆自虞帝始"。

（三）齐鲁民本思想的鲜明特征

由于齐鲁两国建国方略和人文地理环境等差异，齐国在文化上兼容并包，农工商并举，呈现出务实创新的特点，形成了齐国的民本思想从开始就以"富民""利民"为核心的特点。鲁国在建国之初采取了"变其俗，革其礼"的施政方针，使鲁文化具有崇尚传统、重视伦理的特点，因此，鲁国的民本思想以礼乐之治为目标，具有道德理想特征。从传统民本思想的发展脉络来看，贯穿华夏文明的始终，但究其实质乃是一种君民关系，其本源的设定仍旧是天道秩序。

1."立君为民"的"设君之道"

传统民本思想首先是一种"立君为民"的"设君之道"。

其鲜明的民本特色体现在，一方面它从政治本体论的角度论证了民众在国家中的基础地位，另一方面又规定了国家、社稷、君主和士大夫是为民而设。"设君之道"通常从天命和革命两个方面来理解，孟子、董仲舒等人都将天命和革命两个因素结合在一起来解释民心向背的问题。比如，"天听自我民听""天从民欲"等，就是说天帝之命主于民心，如果民心向背会使天命转移。"设君之道"的目的在于安定民生，安民养民是君主的天职，也是其江山社稷得以长久的根本。由此可见，"立君为民"的"设君之道"实际上反映的是各种政治关系论以及"富民""利民""养民""教民"等为君和为官之道。如果说在民本思想中，"立君为民"、为公、为天下处于政治本体论的位置，是回答"为什么"的命题，那么从中推论出来的为君之道、为官之道则旨在将"立君为民"的"设君之道"以及相关的政治关系落到实处，其中很多施政原则和道德精神值得我们研究和学习。比如，天子为民之父母和老师，那么安定民生、养育民众就是其根本职责，"富民""利民""养民""教民""安民"等就是其治民原则，为政以德、修身为政等是为官的规范等等。

2. 立体完整的政治体系

民本思想在古代政治思想中占有极其重要的地位。从传统民本思想的发展及内在逻辑来看，古代的政治思想是以民本思想为基础框架的，尽管各个学派在施政政策和哲学基础的论证方面各有差异，但是在传统民本思想的基本思路上并没有太大差异，基本认同民惟邦本、立君为民等；从思想家的观点和内容来看，传统民本思想是一种系统论证、全面规范为君之道和为官之道的体系化的政治理论。因此，民本思想不是哪一个学派的思想，而是儒、道、墨、法、阴阳、名、杂等各学派普遍认同的思想。同时，随着民本思想的发展，这些思想也被封建王朝的统治者官学化而促进了进一步的传播和发展，社会各个阶层就民本思想的深层认知基本达成共识。从传统民本思想的历史地位、发展阶段、主要内容分析，我们可以得出以下相关结论。

传统民本思想是一个逻辑严密的政治学说。从其发展来看，古代传统民本思想的产生几乎与王权的产生相一致，并随着王权的发展而不断强化和丰富。随着皇权的确立，传统民本思想不但没有消亡，反而成为官方学说的重要组成部分；而当皇权走向衰弱时，传统民本思想反而更加体系化、官学化、大众化，说明随着帝制的集中和衰落，规范设君之道、君主之道的民本思想因统治和缓解矛盾的现实需要而得到了进一步强化，也足以说明传统民本思想中"君"与"民"的关系既对立又统一。从内容来看，传统民本思想涵盖哲学基础、政治思路与具体政治举措。从主题来看，传统民本思想主要回答"为何立君""何以为君""何以为官""何以为民"等层面的理论问题，并侧重从各种政治关系去回答和论证这些问题。其中，设君之道、为君之道、为官之道是传统民本思想的主要关注点。①

　　传统民本思想是一个立体的完整理论体系。从表面看，民本思想仅仅是关于君主与民众的政治思想，实际上它将国家、政治、君主、官员、民众串联在了一起，形成了一个立体完整的理论体系。在这个立体的理论体系中，传统民本思想的核心与各种政治关系和政治思想背后的文化、道德观产生联系并形成联结。比如，"天立君为民"的思想和天下一统、道义高于君、官员从道不从君等政治理论和道德观念结合在一起；"设官为民"的思想和"政在奉公、事在为民"的理念结合在一起；"君主重民任贤"的理论和君臣、君民、臣民等政治关系结合在一起。同时，传统民本思想作为关于君道、官道的政治思想，其背后又有中华传统的道德文化及其精神作为支撑，因此，古代传统民本思想在包容政治学说体系的同时，也具备了古代道德文化的诸多内容，从而使其成为相互贯通、浑然一体的理论体系。

3. 政治的道德化

　　传统民本思想其背后道德意识浓厚，反映了中国古代的政治、伦理与道德紧密相连，也说明当时的政治具有鲜明的道德化特征。所谓政治道德化，是指统治者和思想家通过把封建

---

① 王荣：《中国传统文化中的民本与官德》，人民出版社 2020 年版，第 125 页。

统治的政治目的、政治权利、政治秩序等归结为伦理道德的范畴，从伦理道德的角度证明其封建政治制度的合理性。《商书·太甲下》中记载，"惟天无亲，克敬惟亲。民罔常怀，怀于有仁。鬼神无常享，享于克诚。天位艰哉！德惟治，否德乱。与治同道，罔不兴；与乱同事，罔不亡"[1]，可见，在商朝时期政治已经与道德开始有所"联通"。周武王灭商之后，斥责商灭亡是因为纣王违背了上天所要求的君主的德，因此降罪使其灭亡，同时周武王标榜周朝立朝是因为拥有上天所要求的道德。可见，真正意义上将道德观念用于政治之中，是在周建立之时，道德在这里就成为统治者实施政治手段的一种措施。周武王明确指向了政治的合法性需要建立在道德的范畴中，并第一次系统地提出实现政治统治要施行"德政"、要"以德配天"；提出君主应集政治与道德于一身，才能正确履行上天给予的统治权力，治理教化百姓。周武王提出的"立君为民"和"以德配天"的民本思想，奠定了古代传统民本思想的主要基调，也基本决定了古代的政治特色是以德治国，最终达到道德社会的理想状态。这也证明了传统民本思想具有政治道德化的鲜明特征。

孔子继承了周公的思想，认为政治在某种意义上就是道德教化，使民众归之于正，既正人也正己，正人必先正己，比如他提出的，"其身正，不令而行；其身不正，虽令不从"，"子

---

① （清）阮元校刻：《十三经注疏》，中华书局1980年版，第167页。

欲善，而民善矣。君子之德风，小人之德草，草上之风，必偃。"孔子主张"德治"，实施"德政"，"道之以政，齐之以刑，民免而无耻；道之以德，齐之以礼，有耻且格。"认为"德政"比政令刑罚更有用。孔子提出"人性本善"，因此实施"德政"才能"爱人"和"仁爱"，"推己达人"就能达到至德至善的社会。孟子进一步发挥了孔子的"德政"思想和"人性本善"的观点，认为人人都可成为尧舜。荀子虽然提出了"人性本恶"的思想，却主张"以礼治国"，认为人之所以为人就在于有礼教之，人应该循礼而动，并提出正因为"人性本恶"，更应该用道德进行规范。随着儒家思想主流地位的奠定，其民本思想也被历代施政者认可，其民本思想中明显的政治道德化倾向也被充分体现。

4. 道德的政治化

传统民本思想作为一种政治思想，不仅有政治道德化的特征，同时也具有利用道德与伦理功能加强政治制度、确保皇权统治有序运行的策略和目的，这就是道德的政治化。所谓道德政治化，就是把道德产生的社会、文化、经济等功能与政治联系起来，并加以强化和扩大，成为政治"工具"，为政治的合理化提供支撑，以此保证封建政治制度能够在一系列伦理原则的规范和调节下有序运行，正如《礼记》中记载："德象天地称帝，仁义所生称王。"在百姓的普遍意识中，古代的圣、王、公、君子等人是"德智俱全之人"，既居于高位、是掌权者，也应具备与其相"匹配"的道德基础。

传统民本思想的实施,讲究的就是要从自身的修养为基才能通向外在的"为政"之道,强调执政者良好的"德"是良好政治的决定条件。比如:孝悌忠信、礼义廉耻、仁爱和平等品质的养成需要个人德性的养成为基础;"修身齐家治国平天下","修身"的最终是实现"为政"。从"修身"走向"为政",诸子百家观点各有不同,如孔子的"己欲立而立人"(《论语·雍也》);孟子的"举斯心加诸彼""老吾老,以及人之老;幼吾幼,以及人之幼";等等。都强调居高位者要率先垂范,并利用其权力去推行道义,注重从内而外、由己及人的功德、由小而大、由近及远的推广,从道德角度的修身出发推及治理天下的现实政治。由此可见,"修身为政"是统治者出于"为政"的政治手段。

政治的道德化与道德的政治化结合在一起,是中国古代政治体系、思想发展的主要特征,也是民本思想政治思路的鲜明特征。在传统民本思想的政治思路当中,道德与刑罚相配合,刑罚在实际政治过程中必不可少,但却不允许其有损于道德性政治的价值指向,也不能影响道德性政治的实际操作。也就是说,法律在道德型政治的实际操作中,虽然能够帮助并起到道德教化不能发挥的强制性作用,但其常常作为一种辅助手段发挥作用,而且诸多的刑罚规则是直接从道德规范转化而来,二者不但不相互排斥,而且相互补充,道德所否定的行为,通常也是法律所反对的。比如,传统民本思想中的"修身齐家治国平天下"，修身是根本，目的是实现道德教化，在实现道德教化的同时，政治理想也就得到了弘扬。从此意义来看，政治理想也是最高的道德标准，实现天下大道是基于修身之道，没有修身的基础，天下大道也实现不了，修身便成了沟通道德与现实政治的力量。因此，传统民本思想中道德与政治密不可分的关系造就了中国政治具有以德治国、德主刑辅、礼乐结合的实践特色，即"德治"和"法治"相结合。

因此，从历史定位看，传统民本思想是通过界定民众的地位来要求和规范君主与官吏的一种政治思想，不仅强调民众的地位，更是对为君、为官之道的一种规范和遵循。君主等统治者的政治思想体现出来的政治路线无论在政治运作，还是政治理想上都有极其明确的道德化倾向，而它的现实路径最终走向的是道德的政治化，都是力图实现国家的政治理想，这也足以说明传统民本思想中蕴含着明确的贤能政治思路，其思想精髓到今天仍然具有重要的价值和意义。

🔗 知识链接

"德象天地称帝，仁义所生称王"，出自《礼记·谥法》。"德象天地称帝"，是指一个人的德行如果像天地一样宏大，能够包容万物，那么他就可以被称为帝。这里的"德"指的是道德、德行，它包含了仁、义、礼、智、信等品质。"仁义所生称王"，是说如果一个人的行为以仁爱和正义为基础，那么他就可以被称为王。这里的"仁义"强调的是对他人的关爱和公正的行为。"德象天地称帝，仁义所生称王"，反映的是古代民众理想中的君主形象，即圣明的君主不仅要有广大的德行，还要有仁爱之心，能够治理好国家，使人民安居乐业。

二、政治重民：民惟邦本，民贵君轻

从历史发展的视角来看，民本思想中"政治重民"的产生和发展，是历代统治者从历史治乱和兴替中汲取教训、总结经验，不断完善和更新统治思想观念，而产生的这一治国理政思想精华。

《尚书·五子之歌》中记载了"太康失国"的典故，即夏朝大禹的孙子太康继位后，昏庸无道，整天只顾饮酒打猎，荒废政事，不理民情，百姓深受其害。以至于民怨四起，百姓已经到了忍无可忍的地步，太康因此大失民心，有穷国诸侯后羿乘机起兵，废了太康。

《尚书·汤誓》中记载了"鸣条之战"，即商汤击败夏桀于鸣条（今河南封丘东），灭亡夏朝，建立商朝。商汤在讨伐夏桀前作了动员令，指出夏桀的暴政使百姓担负沉重的劳役，耗尽民力，而且还残酷剥削压迫百姓，大失民心，惹得天怒人怨，人民对夏桀非常不满，愿共同讨伐之。因此商汤认为自己讨伐夏桀是奉天命、顺民意，吊民伐罪的正义行为。这也说明商汤从夏桀的暴虐失政中认识到民心民意对统治的重要性，统治者滥用民力、残酷剥削人民，最终会导致灭亡的历史教训。

《尚书·仲虺之诰》中记载，商汤的臣子仲虺认为，夏桀的暴政致使人民陷于水深火热之中。因此，商汤讨伐夏桀奉天罚罪的行为，是为了拯生民于水火、解百姓于倒悬的正义之举。仲虺进一步认为，商汤讨伐夏桀之所以能够成功，是因为商汤能够昭信于万民，得到了民心，因此也就得到了天下。总之，他认为商汤讨伐夏桀，是为了拯救在夏桀残暴统治下的天下万民，而不是为了商汤自己的权势。《尚书·汤诰》中说善待万民是上天的意思。由此可见，商朝统治者虽然打着吊民伐罪的旗号，在我国历史上第一次以暴力革命的形式完成了改朝换代，但是商朝统治者已经认识到了人民与统治者之间的利害关系以及人民的重要性，在他们的心目中，民心民意在维护统治和政权的稳定中占据了相当重要的位置，民本思想正是在统治者的统治实践中逐渐形成。

《周书·泰誓》中记载，武王在伐纣前对全体将士动员时指出，纣王因荒淫无道、贪酒好色、残害百姓、滥施暴政而失去了民心，失去了天子之德，因此皇天震怒，自己奉天命讨伐无道昏君纣王。《周书·武成》中也记载，在牧野之战中，纣王因丧失民心，导致商纣军队倒戈相向，投靠周军，商纣大败，纣王绝望自焚，商朝失去了天下。在武王伐纣建立西周王朝的过程中，周统治者看到了人民群众倒戈相向，才使周人灭掉了强大的商王朝，从而看到了人民群众的强大力量，由此认识到民心、民意的重要性。西周统治者从巩固统治的角度通过反思和总结商朝灭亡、西周建立的历史经验教训，并且吸取了周以前统治的经验教训，基本上形成了以民本思想为根本的治国理政的思想理念。民本思想中的政治重民正是在这种历史大背景下产生、丰富和发展的。

（一）早期"重民"思想的萌芽与形成

在夏、商尊天命与尊神的文化中，统治者与民众普遍认为国家的兴亡，人世的祸福，都是天、神意志的表现。但夏、商的相继灭亡以及周人的勃兴，使得人们对于天意的虔信产生了动摇，他们感到"天命靡常"，不能单独依靠鬼神与上帝，还须注重人世间的一些力量。在此过程中，周公清醒地认识到夏、商的灭亡不是天意，而是因为桀、纣等统治者"不敬厥德"，他认为周人必须"克明德"，发扬"德"的教化力量，使之成为治国的根本。

从周公执政时期始，"德"便被提到了前所未有的高度。周公把提倡"德"作为稳定社会秩序、巩固周朝政权的当务之急。今《尚书》中的《大诰》《洛诰》以及《多方》《多士》等篇，都是史官记录的周公对殷遗民和周臣民的训话，从中可充分看出周公的政治思想及其由此而制定的制度和政策。王国维在《殷周制度论》中说："《康诰》以下九篇，周之经纶天下之道胥在焉。其中皆以民为言，《召诰》一篇言之尤为反复详尽，曰命，曰天，曰民，曰德，四者一以贯之。"而这四者之中，又应该以"德"为其理论核心，如谨遵天命、勤政慎罚、重视下民等都是由此而衍生出来的。

周公是周礼的制定者，有学者认为，"自周公制礼作乐开始，才是我国第一次对于'礼'的加工和改造。"① 开始以"德"来代替礼，用"德"来概括原始"礼"的全过程，"周公对于礼的加工改造，在于以德行说礼。"②"德"不仅包含人们主观的修养，也包含客观的行为规范，这极大丰富了"礼"的内容，并将"礼"纳入了道德的范畴。鲁国季文子言，"先君周公制周礼，曰：则以观德，德以处事，事以度功，功以食民。"(《左传·文公十八年》)就是说礼仪用来观察德行，德行用来处置事情，事情则是用来衡量功劳，而功劳则是取食于民。由此亦可见"德"在周礼中的重要位置。

（二）齐之"重民"思想

1.姜尚"因民俗、顺民心"的思想

姜尚任齐国诸侯王之初，就注重采取顺应民心的政策，"因其俗，简其礼，通工商之业，便渔盐之利，而民众多归齐，齐为大国。"(《史记·齐太公世家》)正是由于"简其礼""因其俗"的主张，姜尚顺应民心的政策收到了明显的成效，并奠定了齐国强盛的基石。

齐国的一些政治家和思想家认识到，如果视民如伤，就会得到民众的拥护，国家就会兴盛；如若视民如土芥，就会遭到

---

① 杨向奎：《中国历史百题》（一），中华书局 1992 年版，第 147 页。

② 杨向奎：《宗周社会与礼乐文明》，人民出版社 1992 年版，第 333 页。

民众的反抗，国家就必然灭亡。爱民恤民，就是要以民众为轴心、要急民众之所急，在此基础上制定的政策措施就能体现民意、赢得民心。《六韬》中记录周王和姜尚的对话有不少内容反映了姜尚的爱民恤民思想。

  文王问太公曰："愿闻为国之大务，欲使主尊人安，为之奈何？"太公曰："爱民而已！"文王曰："爱民奈何？"太公曰："利而勿害，成而勿败，生而勿杀，与而勿夺，乐而勿苦，喜而勿怒。"文王曰："敢请释其故。"太公曰："民不失务，则利之；农不失时，则成之；省刑罚，则生之；薄赋敛，则与之；俭宫室台榭，则乐之；吏清不苛扰，则喜之。民失其务，则害之；农失其时，则败之；无罪而罚，则杀之；重赋敛，则夺之；多营宫室台榭以疲民力，则苦之；吏浊苛扰，则怒之。故善为国者，驭民如父母之爱子，如兄之爱弟。见其饥寒，则为之忧；见其劳苦，则为之悲；赏罚如加于身，赋敛如取己物。此爱民之道也。"（《六韬·文韬·国务》）

2. 管子"从民四欲"的思想

（1）"百姓，公之本也"

  管子曾对齐国国君说过这样的话："齐国百姓，公之本也。"（《管子·霸形》）在管子看来，即使君主拥有广阔的国土、众多的臣民，但如果对民众过分压榨，得不到民众的拥护，那他也必定垮台。古代的圣明君主能够成就丰功伟业，主要是深得民心。暴君之所以失国，主要是失去了民心。诸侯要想称霸，就必须以民众为本，"夫霸王之始也，以人为本；本理则国强，本乱则国危。"（《管子·霸言》）晏子对民众与国家政权的关系也有深刻的理解，他分析齐国的政治形势时认为，姜氏已走到"季世"，"齐其为陈氏矣"。原因在于齐国国君"公弃其民，而归于陈氏。"（《左传·晏婴叔向论晋季世》）管子把君主和民众的关系作了形象的比喻："蛟龙，水虫之神者也，乘于水，则神立；失于水，则神废。人主，天下之有威者也，得民则威立，失民则威废。蛟龙待得水而后立其神，人主待得民而后成其威。"（《管子·形势解》）以蛟龙和水的关系比喻君主和民众的关系，蛟龙无水就失去了神威，君主没有民众的支持也就丧失了威势，说明了民众是君主存在的先决条件。

（2）"政之所兴，在顺民心"

"俗之所欲，因而予之；俗之所否，因而去之"（《史记·管晏列传》）体现了管子的民本思想。管子主张统治者施政立法应当"顺民心""量民力""从民所欲"，坚持"以天下之目视，以天下之耳闻，以天下之心虑"（《管子·九守》）的政治原则，因为"政之所兴，在顺民心；政之所废，在逆民心。"（《管子·牧民》）政策法令的好坏，要以是否符合民心来衡量。统治者只有顺应民心，才能得到民众的支持。在管子看来，法令对治理国家是非常重要的，然而只有顺乎民心的法令，才能为民众所拥护，才能行得通。"令顺民心，则威令行。"（《管子·牧民》）"人主之所以令则行，禁则止者，必令于民之所好，而禁于民之所恶也。"（《管子·形势解》）

同时，管子认为统治者制定的法律还必须与民众智力相适应，"智者知之，愚者不知，不可以教民；巧者能之，拙者不能，不可以使民。"（《管子·乘马》）法无论对智者、巧者或愚者、拙者来说，都要明白易知，便于他们掌握和运用。管子认为，作为整体来看的民众是最聪明的，因此，即使像商汤、周武王那样的英明君主也要听从民众的意见，行事都从民众共同关心的角度出发，推行符合民众心愿的政策。如果政逆民心，民众必然与君主离心离德。在这种情况下，君主即使拥有广袤的土地，众多的民众也不得安宁。管子曾举例说："《泰誓》曰：'纣有臣亿万人，亦有亿万之心；武王有臣三千而一心。'故纣以亿万之心亡，武王以一心存。故有国之君，苟不能同人心，一国威，齐士义，通上之治以为下法，则虽有广地众民，犹不能以为安也。"（《管子·法禁》）

管子认为，要顺应民心，必须在政治实践中了解民情，时刻注意关心民众的疾苦。"人情不二，故民情可得而御也。"（《管子·权修》）也就是说，人的性情是一样的，根据这种普遍性的人情或人性来采取合适的措施，就可以顺利驾驭民众。那么普遍性的人情是什么呢？就是有所"欲"和有所"恶"。管子认为，"民恶忧劳，我佚乐之；民恶贫贱，我富贵之；民恶危坠，我存安之；民恶灭绝，我生育之。"（《管子·牧民》）民众

齐威王铜像

厌恶忧劳、贫贱、灾祸、死亡，而喜欢安逸、富贵、稳定、生存，因此国家在制定方针政策时，就应该顺应民众的这种要求，给民众实际利益，使民众的欲望得到一定满足的观点反映了对民众的重视。《战国策·齐策一》的《邹忌修八尺有余》一文记载了齐威王认真接受邹忌的规劝，广泛征求吏民的意见，政治清明、国力强盛的事例，说明齐威王充分认识到了顺应民心的价值作用，并将这种认识运用到了政治实践之中。

3. 晏子"政之所行，在顺民"的思想

（1）"政之所行，在顺民"

晏子从姜氏没落现象的背后看到了问题的实质，失去民众，就失去了政权；得到民众，就得到了政权。因此，晏子认为国家的治理应该以民众的利益为出发点。晏子警告统治

者"无得罪于民",否则必将被民众诛灭。《晏子春秋·内篇谏上》载:"封人曰:'使君无得罪于民。'公曰:'诚有鄙民得罪于君则可,安有君得罪于民者乎?'晏子谏曰:'君过矣!彼疏者有罪,戚者治之,贱者有罪,贵者治之,君得罪于民,谁将治之?敢问:桀纣,君诛乎?民诛乎?'"(《晏子春秋·内篇谏上》)有一次,晏子和景公谈论祈祷上天是否有益的问题,他认为,国君重视任用贤人,虚心纳谏和采取顺应民心的政策比祈祷上天更重要,如果为政不得民心,民众也会向上天诅咒国君,就会导致"一国诅,两人祝,虽善祝者不能胜也。"(《晏子春秋·内篇谏上》)为此,他要求国君重视民情,采取适宜的政策赢得民心,而不要迷信上天,否则将重蹈夏商灭亡的覆辙。

(2)"省刑薄敛"

晏子重民爱民,主张减轻刑罚和赋税,赈济灾民,反对战争。齐景公曾召来晏子请教如何兴国安邦,晏子沉吟片刻说道:"臣陪大王微服察访一下民情,回来后再议兴国大计,如何?"二人来到闹市,走进一家鞋店。鞋店里摆放着各种各样的鞋子却无人问津,但奇怪的是有很多人都在买假脚。景公觉得奇怪,就吃惊地问店主,为什么这么多人不买鞋反而购买假脚呢?店主神色凄然地说:"当今的君主滥施酷刑,很多人被砍了脚,没有脚没法生活生产,所以才有很多人买假脚。"景公听后沉默了,回宫的路上一直闷闷不乐。晏子趁机劝谏景公道:"桓公建立丰功伟业,是因为他体恤百姓、国风清正。如今大王听信谗言，亲小人、远贤臣……"未等晏子讲完，景公打断他的话说："相国不必说了，寡人明白了"，下令减轻刑罚。

在赋税徭役上，晏子批评齐国当时赋税繁重的弊端，主张"薄税敛""轻徭役"，不能让百姓"财屈力竭"，否则就会影响国家长治久安。正值秋收季节，齐景公役使大批百姓兴建亭台，导致当时服役的百姓自己的庄稼不能回家收割。百姓因庄稼不能收割叫苦不迭，景公却举办大型宴会庆祝亭台开工。在酒过三巡之后，晏子即席起舞，唱道："季节到了，却不能收获庄稼，怎么办呢？天气冷了，而劳役没有停止，该当如何是好？"随之热泪横流，齐景公见此，即令亭台停工。

（3）"食不重肉，妾不衣帛"

晏子杰出的政治才能和重民爱民的情怀，不仅体现在他的施政理念中，还以身作则、崇尚节俭，晏子严于律己的品格，为后人所景仰。晏子虽然身居高位，但廉洁从政，在生活方面十分节俭，反对奢华，以节俭力行著称于世。他身为丞相，仍"食不重肉，妾不衣帛"。

他饮食俭朴，住宅简陋，乘驽马破车，穿粗布衣衫。齐景公认为晏子身为一国之相，生活却如此清苦，就趁晏子出使晋国时，差人把晏子家的房子翻新了，为此还拆毁了邻家的房屋。晏子坚决要求把老邻居的房屋修好，并把自己的旧宅复原。因为晏子上朝总是乘驽马破车，景公就派人给晏子送来新车骏马，但连送三趟都被晏子拒绝。孟子曾赞之曰："管子以其君霸，晏子以其君显。"晏子的重民思想不仅关注百姓的经济利益，还强调官员的"为政以德""廉洁自律"，都彰显了他的仁厚爱民的精神。

 知识链接 ·······································

《管子》通篇都是劝政之言，"劝"的对象是君主。中国古代社会，君主的权力至高无上，天下兴亡系其一身。管子认识到，齐国若要在春秋时期群雄逐鹿的格局中脱颖而出，君主就要充分了解以民为本的重要性，只有实施"以民为本"的治国之"道"，强国富民才有基础。

管子认为，顺利实施"以民为本"治国之"道"的"术"，就是"牵之以利"，因为人生来就"见利莫能勿就，见害莫能勿避"，因此获得民心的方法就要顺其心足其欲。君主如果能够解民忧、富民财、保民安、育民生，将国家的利益与百姓的利益联系起来，百姓才会拥护君主报效国家。也就是说，百姓生活得好不好，从根本上决定了国家的稳定与否；切实增强人民群众的获得感、幸福感、安全感，是治国理政的重要法宝。

（三）鲁之"重民"思想

鲁国不少人大倡"重民"之论，这与西周特别是春秋以来"重民轻神""重民轻天"的思想是一致的。他们已初步了解到迷信鬼神无用，唯有得到"民"（即"国人"）的支持，才能很好地生存和发展。如鲁僖公二十一年（公元前 639 年）夏，鲁大旱，僖公要烧死巫人和尪者，认为大旱与他们有关。臧文仲认为烧死他们并不是防备旱灾的办法，应该在民艰于食的情况下修理城郭，稍给民食，这才不失为救荒之策。与之同时，贬损饮食，节省开支，劝人施舍，并致力农事，使旱不舍农，以补救灾荒。而巫人、尪者能做什么呢？"天欲杀之，则如勿生；若能为旱，焚之滋甚。"（《左传·僖公二十一年》）僖公听从了臧文仲的话，故这一年虽有饥荒，却没有伤害到人民。由于"崇德""尚仁"，鲁国出现了不少"重民"的典范。

1.孔子"仁者爱人"的思想

孔子的思想核心是"仁"。"仁"的基本含义是"仁者爱人"，人与人之间要相亲相爱。《论语·颜渊》中樊迟问"仁"，孔子回答曰："爱人"。孔子所说的"爱人"，并不只是爱身边的个别人，而是"泛爱众"，广泛地爱民众。爱民众要付诸行动，孔子一生执着于救世，达到了"仁"的最高境界，使"爱民"思想得以真正体现。

（1）"己欲立而立人，己欲达而达人"

"仁"是孔子道德治国论的基础。"仁者爱人"，是孔子对"仁"这种道德的最基本解释，也是孔子认为作为统治者最应该具备的品质和要求。而"仁"的标尺问题，更深层则体现为孔子把统治者有无"仁爱"之心，看作社会是否混乱无序的根源，无"仁爱"之心者是阻碍社会进步的罪人，所以属于鞭挞诛杀之列。而在现实生活中，民众决定着国家的兴亡和君权的更迭，所以孔子给予民众特别的关爱和尊重，这也是孔子"爱民"之说的进步所在。

孔子的弟子子贡问曰："如有博施于民而能济众，何如？可谓仁乎？"子曰："何事（止）于仁！必也圣乎！尧舜其犹病诸！夫仁者，己欲立而立人，己欲达而达人。能近取譬，可谓仁之方也已。"（《论语·雍也》）意思是说子贡问，如果有人能广泛地施惠于民，并能在贫困时救济大众，怎么样？可以说是达到仁了吗？孔子回答，哪里仅是仁道，那一定是圣德了，恐怕尧舜也担心难以做到呀。有仁德的人，自己想立身于世也要帮助别人立身于世，自己想发达成功也要帮助别人发达成功。如果能够从自身做比方，将心比心、推己及人，可以算是行"仁"的方法了。

（2）"尊五美，屏四恶"

孔子反对暴政的态度和反对破坏周礼一样坚决，他曾发出"苛政猛于虎"的感叹，说明了他对"苛政"持坚决反对的态度。他所指出的"四恶"，尽管并不能都归于"苛政"之列，但它们都反映了对于民众的无视和怠慢，这与孔子的整体思想相违背，所以孔子给予了无情的抨击。在孔子的"德治"思想中，"惠民"思想占有重要的地位。

子张问于孔子曰："何如斯可以从政矣？"子曰："尊五

美，屏四恶，斯可以从政矣。"子张曰："何谓五美?"子曰：
"君子惠而不费，劳而不怨，欲而不贪，泰而不骄，威而
不猛。"子张曰："何谓惠而不费?"子曰："因民之所利而
利之，斯不亦惠而不费乎? 择可劳而劳之，又谁怨? 欲仁
而得仁，又焉贪? 君子无众寡，无小大，无敢慢，斯不亦
泰而不骄乎? 君子正其衣冠，尊其瞻视，俨然人望而畏
之，斯不亦威而不猛乎?"子张曰："何谓四恶?"子曰："不
教而杀谓之虐。不戒视成谓之暴。慢令致期谓之贼。犹之
与人也，出纳之吝谓之有司。"(《论语·尧曰篇》)

文中大意是施政的要诀是"尊五美，屏四恶"，"五美"之
首是"惠民"，"四恶"的核心是暴政。"惠民"就是"惠而不费""因
民之所利而利之"。孔子告诫统治者，不要烦扰民众，应当顺
着民众的利益要求安排政事，使民众从中得到实惠。其他几种
"美"显然是围绕"惠民"展开的，其中既有"使民"的方法，
也有对统治者的行为规范，体现了孔子对于"惠民"思想和施
策的深入思考。当民众懂得如何去做，并有能力去做时，就该
让他们去做；当民众不知道如何去做又没有能力去做时，就应
该教诲他们如何去做。故而后人认为，这样的解释是正确的，
它不仅与孔子的"仁"的学说相吻合，也与孔子的教育观念相
吻合，是孔子"仁"政学说的有机组成部分。文中孔子对"四
恶"的抨击，同样是其"仁"思想的重要体现。

《论语·学而》中记载，"道千乘之国，敬事而信，节用而

爱人，使民以时。"其中"人"与"民"互文相提，"人"指的就是"民"，说"爱人"其实就是"爱民"。当然孔子所爱的"人"或者说所爱的"民"绝不是不分贵贱阶级的，他有着自己的等级标准。比如，孔子曾对季氏用八佾舞于庭的行为表示愤怒，这是因为在孔子的标准中，他认为这是他们破坏和践踏了他所遵循和倡导的礼仪规范，是对礼法的严重僭越，他的愤怒不仅仅是因为季氏个人的行为，而是对整个礼崩乐坏的社会现象的不满和担忧。同时孔子还对陪臣执国命的阳货、诛杀少正卯也表示了自己的不满，同样是因为这些行为违背了他所倡导的"礼"的精神。孔子认为士大夫应受到尊重，而诛杀少正卯则反映了当时社会的动荡、礼教的衰落和法治的混乱。

（3）"不患寡而患不均"

孔子的仁爱之心，多表现在关心民众疾苦、实现民众富裕的问题上。他极力倡导仁政，他说："为政以德，譬如北辰，居其所而众星共之。"（《论语·为政》）面对征伐和贫富不均的情况，他也有鲜明的主张。《论语·子路》篇记载，季氏将伐颛臾，冉有、季路来见孔子，征求孔子的意见，而孔子反对征伐。

> 丘也闻有国有家者，不患寡（当为"贫"）而患不均，不患贫（当为寡）而患不安。盖均无贫，和无寡，安无倾。夫如是，故远人不服，则修文德以来之。既来之，则安之。今由与求也，相夫子，远人不服，而不能来也；邦分崩离析，而不能守也，而谋动干戈于邦内；吾恐季孙之

忧不在颛臾，而在萧墙之内也。(《论语·季氏将伐颛臾》)

文中大意是，我孔丘听说，有国的诸侯或有家的大夫，不怕财富少，而怕分配不均；不怕人民少，而怕不安定。分配平均了，也就没有贫穷；民众和谐团结了，也就不显得人少；国家安定，就不容易倾覆。正因为这样，所以远处的人不服，就修文德以招徕他们。既然来了，就好好安顿他们。如今仲由和冉求相助季氏，远处的人不服，就不能招徕他们；国家分崩离析，而不能守护，反而谋划在国内大动干戈；我担心季氏的担忧不在颛臾，而是在自己的内部。

孔子"惠民"的主张是其"富民""教民"理念的出发点，也是孔子民本思想的出发点，体现了孔子政治学说的重要特色，这一特色对后世儒学的发展产生了重大影响。孟子将这一思想进一步发展成仁政思想，在其仁政思想中，更把"惠民"理念推到了极致。事实上它是儒家学说的灵魂和最富有生命力的部分，不仅对儒学的发展产生了深远的影响，也同样深深地影响了整个封建社会的历史，这也为后世的历史实践所证明。

2.孟子"以民为贵"的思想

孟子主张以民为贵，将"民"作为政治的根本点和出发点，并把这种思想真正贯彻到自己的政治理想中，这就是孟子的"仁政"主张。孟子以性善论和王道仁政为理论基础，将古代的"重民"思想发展为"贵民说"①,"贵民思想"是孟子"仁政"的灵魂。孟子曾说:"夫国君好仁,天下无敌"(《孟子·离娄上》),意思就是"仁者无敌";反之,则"天子不仁,不保四海"(《孟子·离娄上》),君主不行仁义,则社稷不保。孟子曰:"民为贵,社稷次之,君为轻。"(《孟子·尽心下》),将民众置于优先地位,主张"民贵君轻,政出于民",关心民众是最为紧要的任务,即"民事不可缓也。"(《孟子·滕文公上》)

(1)"得民心者得天下"

孟子在历史上首次对人民、国家和统治阶级之间的关系地位作了明确阐述,即在三者之间,"民"是第一位的,虽然"君权天授",君治理民,但强调的是"民"对"社稷"和"君"的决定性作用,充分表明对"民"的价值的肯定和尊重。② 在孟子看来,既然"民为贵",政出于民,那么,在举贤用人、决狱刑罚、政事决策中必须尊重民意。民心为天,得民在心。孟子十分重视民心向背,专门引用《尚书·泰誓》语曰:"天视自我民视,天听自我民听。"(《孟子·万章上》)天意以民意为基准、代表民意,那么民意也就是天意。表面看来,君王受上天制约,实际上受民意制约。孟子由此得出"得天下之要在得民、得民之要在得民心"的结论,"桀纣之失天下也,失其

---

① 李鸿才:《民本视野下孟子"贵民说"辨析》,《郑州大学学报(哲学社会科学版)》2007年第5期。

② 张军强:《孟子的"贵民说"与"牧民说"》,《山西高等学校社会科学学报》2008年第8期。

民也；失其民者，失其心也。得天下有道：得其民，斯得天下矣。得其民有道：得其心，斯得民矣。得其心有道：所欲与之聚之，所恶勿施尔也。民之归仁也，犹水之就下、兽之走圹也。"（《孟子·离娄上》）既然民意就是天意在人世间的表现，因此孟子认为，如果君主无道，罔顾代表天意的民意，民众就有权推翻无道昏君。

（2）"性善论"

"性善论"是孟子仁政思想的基础。孟子主张"人性本善"，认为人生下来有"四心"，即仁、义、礼、智"四端"："恻隐之心，仁之端也；羞恶之心，义之端也；辞让之心，礼之端也；是非之心，智之端也。人之有四端者，犹其有四体也。"（《孟子·公孙丑上》）孟子认为，在"四心"中，"恻隐之心"是核心，是对别人遭遇不幸时具有的同情心，或者叫不忍伤害别人之心。如果人都能够沿着"四端"发展下去，最终"仁、义、礼、智"会连接贯通在一起，并能够不断发扬光大，一直坚持下去，"人能充无欲害人之心，而仁不可胜用也。"（《孟子·尽心下》）孟子把性善论与现实相结合，仁政的结论便自然得出："有不忍人之心，斯有不忍人之政矣。以不忍人之心，行不忍人之政，治天下可运之掌上。"（《孟子·公孙丑上》）

在性善论的基础上，孟子提出了"人性同一说"，这是过去没人提出的观点，"麒麟之于走兽，凤凰之于飞鸟，太山之于丘垤，河海之于行潦，类也。圣人之于民，亦类也。"（《孟子·公孙丑上》）"尧舜与人同耳。"（《孟子·离娄下》）"圣人，与我同类者。"(《孟子·告子上》)也就是一切人，从君主、圣人、民，都是"同类"。而人之所以能"同类"，就在于其内在都是一样的、性善的。"舜，人也；我，亦人也。"(《孟子·滕文公上》)不管是君主、圣人，还是民，其内在都因为性善而统一。尧舜的伟大，在于他们是人类本"性善"的最为突出的代表，而人的本性是一样的，这构成了普通人走向尧舜的桥梁，只要通过修行和返性，"人皆可以为尧舜。"(《孟子·告子下》)"人性同一说"，论证了人在本质上是平等的，提高了百姓的社会地位，这在当时无疑是对传统思想观念的巨大冲击。

（3）乐民之乐，忧民之忧

基于上述观点，孟子提倡重视百姓，更要关心百姓的精神世界。为此，孟子劝诫统治者要忧民之忧，乐民之乐，与民同忧同乐。"乐民之乐者，民亦乐其乐；忧民之忧者，民亦忧其忧。乐以天下，忧以天下，然而不王者，未之有也。"(《孟子·梁惠王下》)据史料记载，齐人征伐燕国，胜利之后，当齐宣王问孟子是否该吞并燕国之时，孟子答曰："取之而燕民悦，则取之……取之而燕民不悦，则勿取。"(《孟子·梁惠王下》)

齐王喜欢音乐，孟子曾劝说齐王："今王鼓乐于此，百姓闻王钟鼓之声，管籥之音，举疾首蹙頞而相告曰：'吾王之好鼓乐，夫何使我至于此极也？父子不相见，兄弟妻子离散。'今王田猎于此，百姓闻王车马之音，见羽旄之美，举疾首蹙頞而相告曰:'吾王之好田猎,夫何使我至于此极也? 父子不相见,兄弟妻子离散。'此无他,不与民同乐也。"(《孟子·梁惠王下》)孟子希望统治者能忧百姓之忧,关心百姓疾苦,推行王道,携百姓同乐。这也是孟子"贵民"思想的重要体现。

孟子是西周以来民本思想之集大成者,形成了比较完整的民本思想体系,将先秦儒家民本思想发展到了一个新高度,也标志着民本思想的成熟。孟子倡导的"贵民"思想破除了传统思想对天的膜拜,和对"君权"的愚忠。他提出的"诸侯危社稷,则变置"(《孟子·尽心下》),对于推动政治的进步和民众思想的解放,都具有里程碑式的意义,至今依然具有强大的生命力。

🔗 **知识链接**

1."尊五美,屏四恶"

"尊五美,屏四恶",语出《论语·尧曰篇》第二章,子张问政于孔子,孔子给出的答案是:"尊五美,屏四恶,斯可以从政矣。""五美",是指"君子惠而不费,劳而不怨,欲而不贪,泰而不骄,威而不猛"。"惠而不费,劳而不怨",是要求执政者要坚持为民情怀,始终把人民放在心中最高位置,要使百姓得到利益而不增加百姓负担。这实际上就是重民、惠民、利民的体现。"欲而不贪,泰而不骄,威而不猛",则是孔子要求以君子人格来为政。"欲而不贪",强调的是君子可以追求合理回报，但不能私欲膨胀，更不能贪污腐败；"泰而不骄，威而不猛"，则提醒执政者在执政的过程中，无论将来名气多大、职位多高，都要言行得体，不可盛气凌人，更不能颐指气使、为所欲为。要能见贤思齐、见不贤而省自身，常修君子之德，常思贪欲之害，常怀律己之心，牢固树立正确的世界观、人生观、价值观，始终谦谦如君子。

"四恶"，是指"不教而杀谓之虐。不戒视成谓之暴。慢令致期谓之贼。犹之与人也，出纳之吝谓之有司"。意思是说，不教育便重罚叫"虐"，不申诫只看成绩叫"暴"，起先懈怠突然限期完成叫"贼"，给人财物却出手吝啬叫小家子气的官吏。四种典型的不当行为，是孔子给子张列举的为政负面清单，告诫执政者在工作中要注意方式方法。

孔子的"尊五美，屏四恶"思想，详细阐述了治国为政之道，强调从政者应具备的美德和应避免的恶行，正如清杨名时《论语札记》中所言："此章溯流穷源，见微知著，抉尽病根，只在贪、骄、猛三字"。"尊五美，屏四恶"的思想，成为执政者所遵循的道德准则，对后世文治武功、治国理政都产生了深远影响。

2."不患寡而患不均，不患贫而患不安"

"不患寡而患不均，不患贫而患不安"，出自《论语·季氏》。这是孔子对当时维持社会和谐稳定的一种深刻见解，一方面体现了他的民本思想和公平正义观，社会的稳定和谐不是取决于物质的丰富程度，而是取决于物质的公平分配和社会成员的心理平衡。当社会财富过于集中在少数人手中，大多数人就会感到不公平，从而导致社会动荡不安。另一方面也体现了孔子对国、民"安"的深刻理解的维度，在他看来，人们追求的不应该是无止境的物质欲望，而是内心的安宁与满足。只有在物质和精神上都得到满足的情况下，才能真正感受到幸福和快乐。

共同富裕，是马克思主义的一个基本目标，也是自古以来我国人民的理想。按照马克思、恩格斯的构想，共产主义社会将彻底消除阶级之间、城乡之间、脑力劳动和体力劳动之间的对立和差别，实行各尽所能、按需分配，真正实现社会共享，实现每个人自由而全面的发展。孔子说，"不患寡而患不均，不患贫而患不安。"孟子提出，"老吾老以及人之老，幼吾幼以及人之幼。"都具体而生动地描绘了"小康社会"和"大同社会"的理想追求。

"不患寡而患不均，不患贫而患不安"，不仅是对当时社会的深刻反思，也是对我们今天构建和谐社会的重要启示。随着经济的发展，物质生活水平普遍提高，但社会不平等和不安定因素依然存在。贫富差距、教育资源的不均衡分配、医疗资源的地域差异等问题，都直接或间接地影响着国家和社会的和谐稳定。它提醒我们，在追求经济发展的同时，更要注重社会公平正义和人民的幸福感。只有这样，才能真正实现社会的和谐与进步。

（四）荀子对齐鲁"重民"思想的继承与发展

荀子是先秦继孟子之后的儒学大师，创立了博大精深的儒学思想体系。冯友兰曾这样评价荀子，"孟子之后，儒者无杰出之士。至荀卿而儒家壁垒，始又一新。"[①] 荀子对孔子、子思、孟子的思想既继承也批判，对先秦儒家之外的其他学派也进行了批判、总结、吸收和融合，是战国"百家争鸣"后期对先秦诸子思想均有批判吸收的集大成者，起到承上启下的关键作用。

1."君舟民水"说

荀子对先秦儒家的民本思想进行了总结性的阐释，他说："天之生民，非为君也；天之立君，以为民也。"（《荀子·大略》）意思是说，天之生民，不是为了君主；而设立君主，却是为"民"而立的。这充分论证了人民在国家的主体地位。要求统治者要像爱护自己的孩子一样爱护自己的子民，"上之于下，如保赤子。"（《荀子·王霸》）主张实行"爱民""利民"的政策，这样才能做到"生民宽而安"（《荀子·致士》）。从这一点来看，荀子几乎完全承袭了孔孟的思想。

---

① 冯友兰:《中国哲学史》上册，华东师范大学出版社2011年版，第212页。

作为集大成者，荀子继承了孔孟的民本思想，荀子同孔孟一样在国家兴亡政权更替的现实中看到了民的作用。他提到"田野荒而仓廪实，百姓虚而府库满，夫是之谓国蹶"（《荀子·富国》），所以他突出推行"仁政"，主张"爱民""利民"。

> 马骇舆，则君子不安舆；庶人骇政，则君子不安位。马骇舆，则莫若静之；庶人骇政，则莫若惠之。选贤良，举笃敬，兴孝弟，收孤寡，补贫穷。如是，则庶人安政矣。庶人安政，然后君子安位。传曰："君者，舟也；庶人者，水也；水则载舟，水则覆舟。"此之谓也。故君人者，欲安，则莫若平政爱民矣；欲荣，则莫若隆礼敬士矣；欲立功名，则莫若尚贤使能矣。（《荀子·王制》）

这就是荀子的"君舟民水"说。荀子把民比作水，君比作舟，君主和人民本是相互依存的，君主若得到民众的支持，国家就能安定、富裕；如果只考虑自己的利益而置人民于不顾，就会导致舟覆。这就让君主更加直观地认识到，一个国家的真正实力不仅在于疆域的大小与军备的精良，更在于人心。

荀子认为，"爱民者强，不爱民者弱。"（《荀子·议兵》）民是实现国家统治的基础，在使君主获得极大权力的同时，也能限制君主的权力，因此，民能使国家兴盛，亦能使国家灭亡。统治者要想实现国家的安定、政权的稳固，就必须重视民众利益、爱护人民，如果失去了人民的支持，王权就会被倾覆，国家就会走向灭亡。所以荀子提出了"兴天下之同利，除天下之同害，而天下归之也"（《荀子·正论》）的观点，将民众的利益与国家的安定强盛紧密联系起来。

2.隆礼重法，礼法并重

对传统儒家而言，孔子学说认为"人性本善"，以仁礼为核心，倡导"礼治""德治"。但到了战国末期，社会形势发生急剧变化，诸侯纷争愈演愈烈，儒家依靠"以德治国"取得的愿景与诸侯图强和最后胜利的迫切需求不符，礼的权威逐渐丧失，儒家结合社会实际寻求新的理论为统治阶级和社会服务。

与孔孟的传统观点不同，荀子认为"人性本恶"，于是既继承了传统儒家的"礼"，也吸收了齐法家的思想，引"法"入"礼"，将"礼"与"法"结合起来，强调"隆礼重法"、礼法并重，使传统礼的学说有了长足的发展。

性恶论是荀子整个礼治思想的基础。荀子认为，要使人们去掉本性中的"恶"，法度、礼义是必不可少的。只有按照礼的要求教化百姓，对不服从教化的人施用刑罚，并保证礼治的推行，才能让人民具有向善之心，从而达到社会安定的目的。"今人之性恶，必将待师法然后正，得礼义然后治，今人无师法，则偏险而不正；无礼义，则悖乱而不治。"（《荀子·性恶》）礼法能共同作用于调解人们的矛盾、维护社会的秩序，都是治理国家的有力工具，缺一不可。礼是治国的根本、本源，法是治国的具体政策，二者相互补充。"礼义者，治之始也"（《荀子·王制》），而法是"治之端"。

以礼为本、以法为辅是荀子最核心的治国思想。在荀子的政治思想中，礼与法虽然是维护国家安定有序的措施，但荀子政治制度的设计本意就是为民着想。荀子作为一个"法后王"的儒者，礼永远居于法之上，法仅仅是作为对礼治不足的补充，礼与法的位置并不对等。"礼者，法之大分，类之纲纪也。"（《荀子·礼经》）礼是法的指导纲领，法治只是作为保证礼治的实施以及维护礼治的一种手段而存在。

荀子的"礼"治思想，是扬弃、超越了法家单纯的尊君和孟子单纯的理想民本思想，是要在礼的秩序下建立一种君、臣、民的互动和制约。其政治思想中民的作用是根本性的，隆礼重法的目的，也是为了民众，这与儒家的一贯精神是符合的。荀子汲取先秦诸子学说的合理成分，适应当时社会形势的发展，提出了义利并重、王霸兼施、礼法兼尊等一系列主张，是义利、王霸、礼法等思想的综合体现。荀子引法入礼，构建了一套不同于以往儒家的治国方略，弥补了儒家的不足，使儒家的治国治民思想更加贴近现实，较之孔孟儒家以及商韩法家，荀子的"法后王"所表征的价值和意义，更有利于维护国家的统一，象征着历史的进步，代表着荀子进步的历史观。

另外，荀子在"重民"的基础上还提出，对统治者来说除了重视民众、正确处理和民众之间的关系之外，还要正确处理人与社会和自然的关系，以达到其平衡与协调发展，这是长治久安之策，"君者，善群也。群道当，则万物皆得其宜，六畜皆得其长，群生皆得其命。故养长时，则六畜育；杀生时，则草木殖；政令时，则百姓一，贤良服"（《荀子·王制》），也就是要"天时、地利、人和"。习近平总书记曾引用荀子的"政令时，则百姓一，贤良服"来说明，我们党坚持独立自主选择自己的道路，广大群众是支持和拥护的。

综上，鲁人政治"重民"的思想，其核心的"德""仁"是以坚持周礼为前提的，即所谓"君子礼以坊德。"（《礼记·坊记》）比如，春秋时期思想家、政治家、教育家柳下惠，既讲究贵族礼节，又颇具儒家道德理想形象，且以周礼作为自己道德底线。为了遵循周礼，他"言不废大伦"，行不犯色而思虑。因为坚持周礼，他事人以直道，不易其操守。《孔子家语·贤君》中记载，孔子曾称赞柳下惠"孝恭慈仁，允德图义，约货去怨，轻财不匮"。童书业在所著《春秋史》中也认为，周人传统的政治和道德观念是"敬事上天，遵法先祖，尊重君上，慈爱臣民，修明道德，慎用刑罚，勤修政事，屏除奢侈，以礼教治国，兵威镇众，而励用中道。"除了敬天、法祖、尊君之外，其他内容都与"重民""爱民"相联系，慎罚、勤政、不过度奢侈，都是讲统治者不可过度压迫和剥夺民众。

鲁人有时也讲以刑"威民"，如臧文仲之语曰："大刑用甲兵，其次用斧钺，中刑用刀锯，其次用钻笮，薄刑用鞭扑，所以威民也。"（《国语·鲁语上》）但与"威民"相比，他们更看重以德"训民"和在位"恤民"，国无患、民无难、人民安居乐业，是以国家太平。即使国家遇有危难，只要在上者具备德行，以德待民，就能得到人民的支持；否则，"德之不建"，则"民之无援"。为此，国家应重视人民，急民之所急，即使"铸名器，藏宝财，固民之殄病是待。"（《国语·鲁语上》）只有这样，才能保证社稷江山的稳固。

三、经济富民：兴邦治国，富民为本

"富民"是古代思想家普遍主张的"藏富于民"的经济思想。"富"是形容词的使动用法，即使人民富裕起来。富民思想，一直是我国古代民本思想和经济思想领域的重要议题，先秦诸子百家的富民思想是我国古代富民思想的主要思想渊源，在古代的民本思想和经济领域内起着关键的作用，直到今天仍然具有重要的历史价值和借鉴意义。

(一) 早期"富民"思想的萌芽

传统中国核心的经济思想,就是在君主统治下,行"富民"之道。中国古代富民思想的起源很早,《尚书》中就已经出现了"裕民""惠民"的观点,《周易·益》中也有"损上益下,民说无疆"的说法。国以民为本,君主作为"代天执政者",首先要解决民众的衣食住行问题。所以,"养民"就成为历代执政者首要的职责和重要的政治目的。《左传》首次提出"设君利民"的思想,"天生民而树之君,以利之也"。《尚书·洪范》曾经提出了治理国家的"八政",其中的食货二政是最重要的。古人以为,此二物乃民生之根本。

春秋战国时期,诸侯割据、社会动荡,由于长年战火,民众流离失所,社会生产力遭到了极大破坏。各诸侯国的统治者,迫于本国经济的发展和各诸侯国之间的竞争双重压力,为了获得民心,迫使各诸侯国不得不采取让利于民的政策,社会生产关系发生了深刻的变革,封建地主制度逐步取代奴隶制,大量农奴开始逐步转化成为农民,成为社会的主要生产者。农民在取得了一定的土地和经济自由后,生产积极性空前提高,极大地促进了生产力的提高和发展。同时统治者采用较为先进的自耕农生产方式,来促进劳动者的生产积极性,通过降低税率、扩大税源等措施,以提高本国的竞争力。一系列的措施使得社会创造财富的整体能力不断增强,为富民思想的产生提供了物质基础。这段时期，统治者实施的让利于民的诸多措施极大地促进了富民思想的产生，出现了一些代表性的思想，如孔子提出的"藏富于民"思想，晏子的"薄敛厚民"思想，孟子的"恒产论"和"轻徭薄赋"思想，荀子的"开源节流"思想，墨子的"节用利民"思想，道家的"精神足民"论，法家的"以政裕民"思想等。①

以民为本中的"富民"思想，肯定了求富的正当性和以土地求富的途径。如"凡有血气，皆有争心，故利不可强，思义为愈。"（《左传·昭公十年》）其中可见义利之辨的萌芽，希望通过伦理道德秩序规范人的求富行为，以保持社会稳定和谐。这一思想在历史上虽未能完全变成统治者的政策，但影响深远，且维系中国生计数千年而不堕。正因为如此，从某种意义上来说，中国传统"富民"思想贡献巨大。正因为传统"富民"思想的不断丰富发展，才使得中华民族得以不断发展壮大、繁衍生息，绵延不断。

（二）齐之"富民"思想

齐国富民思想的产生，主要源于西周初期的"敬德保民"思想。历史的教训使得当时的统治者清醒地认识到得国之道在

---

① 于光荣：《孔子、孟子和荀子的富民思想简论》，《广西教育学院学报》2000 年第 2 期。

于得民，得民则得国，失民则失国；而得民之要则在于保民，保民的核心正是富民。纵观齐国发展、兴旺的历史，齐国历代统治者始终把富民放在治国的首位。在当时先秦诸子百家的思想中，大部分重义而轻利，甚至视求利者为小人。比如道家将"愚民"作为治国的宗旨，儒家以"教民"作为仁政的纲纪，墨家以"爱民"为天下之要务，法家则以"御民"为法治之纲要。而齐文化中"义利并重"的思想，在当时是独一无二的。

齐国的思想家、政治家既重视伦理道德对社会的影响，又强调物质利益的决定作用，可以说富民是齐国治国思想的基石。①《管子》中就强调重视功利，并从人性论来进行论述。比如，"夫凡人之情，见利莫能勿就，见害莫能勿避"（《管子·禁藏》），"民利之则来，害之则去。民之从利也，如水之走下"（《管子·形势解》），"凡人者，莫不欲利而恶害"（《管子·版法解》）。《管子》认为，人没有不爱利恶害的，人性具有趋利避害的本性。② 正如司马迁在《史记·货殖列传》中所说："天下熙熙皆为利来，天下攘攘皆为利往。"这一观点与马克思历史唯物主义也有相似之处，列宁曾指出，"我国的对内和对外政策归根结底是由我国统治阶级的经济利益和经济地位决定的。利益问题是马克思主义者整个世界观的基础。"③ 正是这一

---

① 张越、张杰：《富民：齐国治国思想的基石》，《理论学刊》2006 年第 12 期。

② 张越：《富民思想——齐文化的精神内核》，《东岳论丛》2006 年第 6 期。

③ 《列宁全集》第 34 卷，人民出版社 2017 年版，第 306 页。

思想，"得国之道在于得民"也就合乎逻辑地演化为"得国之道在于富民"。

1. 太公"同天下之利者，则得天下"的思想

太公自封齐开始，八百年的强国之路其实就是一条富民之路，其富民思想与实践在齐文化的代表著作《六韬》《管子》《晏子春秋》中多有论述。齐国的统治者大都以富民为己任，把富民作为富国、强国的根本和基础，以富民为治国第一要务。太公封齐之时，齐国虽依山傍海，却土壤贫瘠，"太公之封于齐也，亦为方百里也。"（《孟子·告子下》）方圆百里的土地沼泽遍布，土壤盐碱化严重，并不适宜发展农业。但齐地先民素有发达的手工业，比如制陶业、酿造业、冶炼业、纺织业等，这为太公以工商立国提供了思路；其次，齐国的东部和北部都距海不远，漫长的海岸线和众多的港湾，为其蕴藏了丰富的渔盐资源，这为太公实行工商立国的经济政策提供了现实依据。

太公根据齐国实际，制定了以手工业和商业立国的经济政策。《六韬·文韬·文师》载太公之言："天下非一人之天下，乃天下人之天下也。同天下之利

《六韬》书影（清嘉庆抄本）

者，则得天下；擅天下之利者，则失天下。"太公的这一富民主张在当时取得了良好的治国效果，不但齐国邻国的百姓多归附齐国，而且使齐国只太公一世便成为大国。历史上齐国之所以能够长盛不衰，主要与齐国的统治者在执政实践中，始终坚持以"富民"为中心的治国方略有密切关系。

太公提出的治国方略，是齐国一系列富民政策与治国实践的理论源泉，更是抓住了强国争天下的根本。自春秋以后，礼崩乐坏，周王朝式微，已无力控制各诸侯国，齐国的国情也发生了很大的变化，但齐国的富民思想却没有改变，以管子为代表的齐国政治家继承并发扬太公的富民思想，把富民提到了治国的首位，"通工商之业，便渔盐之利"便成了齐国富民的核心内容，提出了一系列的富民方略，表现为重视农业，兼顾工商业和对外贸易，赈济贫困以及统治者节制自己的欲望等方面，从而使得齐国成为强国。

2.管子的"治国之道必先富民"的思想

管子辅佐齐桓公，采取了多种措施，致力于富民强国。一是发展经济，"设轻重渔盐之利，以赡贫穷"（《史记·齐太公世家》）；二是对百姓实行"宽政役、敬百姓""省刑罚、薄赋敛"（《管子·小匡》）的政策，坚守对老百姓"爱之、益之、利之、安之"（《管子·枢言》）的正确主张；三是强兵，强大国势。为了将"以人为本""以百姓为天""从民所欲"的民本思想落到实处，在管子相齐的实践中，力主贯彻"凡治国之道，必先富民"的方略，公曰："请问富国奈何？"管子对曰："力地而动于时，则国必富矣。"（《管子·小问》）努力耕种土地而合于农时，就一定能使国家富裕起来。把重视农业看作是富国、富民之本。

（1）"藏富于民"

管子认为，国家的强盛、社会的教化，其根本原因在于发展生产、安抚民心，"府不积货"而"藏于民"。在回答齐桓公如何理财之问时，管子阐述了藏富于民的理路："王者藏于民，霸者藏于大夫，残国亡家藏于箧。"桓公曰："何谓藏于民？"管子曰："请散栈台之钱，散诸城阳；鹿台之布，散诸济阴。君下令于百姓曰：'民富君无与贫，民贫君无与富。故赋无钱布，府无藏财，赀藏于民'"（《管子·山至数》），将富民作为第一要务。

> 凡治国之道，必先富民。民富则易治也，民贫则难治也。奚以知其然也？民富则安乡重家，安乡重家则敬上畏罪，敬上畏罪则易治也。民贫则危乡轻家，危乡轻家则敢陵上犯禁，陵上犯禁则难治也。故治国常富，而乱国必贫。是以善为国者，必先富民，然后治之。（《管子·治国》）

这段话的意思是说，大凡治国的道理，一定要先使人民富裕，人民富裕就容易治理，人民贫穷就难以治理。人民富裕了，就安于乡居而爱惜家园。安乡爱家，就恭敬君上而畏惧刑罪。敬上畏罪，就容易治理了。人民贫穷，就不安于乡居而轻视家园。不安于乡居而轻视家园，就敢于对抗君上，违犯禁令，抗上犯禁，就难以治理了。所以，治理得好的国家往往是富的，乱国必然是穷的。因此，善于治理国家的君主，一定要先使人民富裕起来，然后再加以治理。同时，为做到富民，管子又提出了两个原则，一是因民之利与利之，让各行各业按自身特点自由发展，繁荣社会经济，另一个是听民之所欲而予之，即保证人民消费，有精力去发展社会生产，富强国家。

管子认为，经济发展水平和道德进步是相辅相成的。"仓廪实而知礼节，衣食足而知荣辱。"（《管子·牧民》）没有足够的物质生活水平做保障，道德水平的提高只能成为空谈。从民本思想出发，管子提出了包括"厚其生""输之以财""遗之以利""宽其政""匡其急""振其穷"在内的"兴德六策"（《管子·五辅》）以及包括"一曰老老，二曰慈幼，三曰恤孤，四曰养疾，五曰合独，六曰问疾，七曰通穷，八曰振困，九曰接绝"在内的"九惠之教"（《管子·入国》）。管子还多次巡视四方，督促"兴德六策"和"九惠之教"的施行。

（2）"省刑罚，薄赋敛"

在采取诸多措施"富民"的同时，管子也意识到，对统治者本身而言，必须节制自己，才能够保证这些措施能够顺利实施。他说："省刑罚，薄赋敛，则民富矣。"（《管子·小匡》）

地之生财有时，民之用力有倦，而人君之欲无穷。以
有时与有倦，养无穷之君，而度量不生于其间，则上下相
疾也。是以臣有杀其君，子有杀其父者矣。故取于民有
度，用之有止，国虽小必安；取于民无度，用之不止，国
虽大必危。(《管子·权修》)

(3)"取于民有度"

管子认为统治者只有收敛自己的奢欲，不耽误农、工、商
的正常运作，才能真正让百姓富裕。为此，他提出"取于民有
度"的主张，并提出了具体的思路和方法。其一，君主的衣食
住行要有一定的标准，不得过度奢侈。

明君制宗庙，足以设宾祀，不求其美；为宫室台榭，
足以避燥湿寒暑，不求其大；为雕文刻镂，足以辨贵贱，
不求其观。故农夫不失其时，百工不失其功，商无废利，
民无游日，财无砥墆。故曰："俭其道乎!"(《管子·法
法》)

其二，统治者要轻赋税，减轻对百姓的盘剥。齐桓公在位
时减轻百姓的税赋，放宽关税，减少农业税，并降低了农业税
的税率，荒年减税或干脆不征。

桓公践位十九年，弛关市之征，五十而取一。赋禄以

粟，案田而税。二岁而税一，上年什取三，中年什取二，下年什取一；岁饥不税，岁饥弛而税。（《管子·大匡》）

齐桓公实行的轻赋税政策，对于保证百姓正常的生产生活，对于齐国百姓的富庶，无疑起到了良好的作用。最终，在"天子卑弱，诸侯力征，南夷北狄交伐中国"（《管子·大匡》）的情势下，管子辅佐桓公"九合诸侯，一匡天下"，成为诸侯国盟主，确立了大国地位，为国家的发展奠定了稳固的基础。

3.晏子"节欲则民富"的思想

同样，晏子也倡导勤俭节约。"景公问晏子曰：'富民安众难乎?'晏子对曰：'易。节欲则民富，中听则民安，行此两者而已矣'。"（《晏子春秋·内篇问下》）晏子认为，要实现"富民"，统治者必须收敛自己的欲望，带头注意节俭。春秋战国之交的齐国较齐桓公时已经有了较大的变化，齐国国势衰微，以田氏为代表的卿大夫势力开始崛起。卿大夫们倚仗权势，奢侈铺张，令晏子不满，并身体力行。

晏平仲婴者，莱之夷维人也。事齐灵公、庄公、景公，以节俭力行重于齐。既相齐，食不重肉，妾不衣帛。其在朝，君语及之，即危言；语不及之，即危行。国有道，即顺命；无道，即衡命。以此三世显名于诸侯。（《史记·管晏列传》）

大意为晏子是齐国莱地夷维人，他先后辅佐了齐灵公、庄公、景公三代国君，由于其节俭勤奋，在齐国受到人们的广泛尊重。后来他出任了齐国宰相，每餐从不超过两道荤菜，妻妾也从不穿丝制衣服。作为臣子，他从来都是秉公处事并如实表达自己的观点。如果统治者的施策符合民心，他就遵守命令去执行；施策不符合民心的时候，他就衡量之后才付诸行动。《晏子春秋》中对晏子的节俭有多处记载。景公赐予千户之县的食邑，他一再推辞不受。为他建新宅，赐良马大车，也不接受。一件狐裘穿三十年不舍弃等。因为晏子以身作则节俭朴素的生活作风，给齐国君民树立了良好榜样，在诸侯各国之间也多有赞誉，为各诸侯所敬服。

晏子反对奢靡之风。据历史记载，齐景公在位之时，好大喜功，长年役使百姓，不恤民力，大兴土木，修筑高台、宫殿，百姓不堪其苦。晏子以楚灵王的事实作比较，经常劝谏景公不能"厚取于民，而薄其施"，反对修筑章台、大兴土木，多次迫使景公罢台减役；遇有天灾，则赈济灾民。齐国遭受洪灾，而齐景公贪图安逸，终日声色犬马，不顾百姓饥寒。晏子面见景公，力陈不爱民恤民之害，又请求齐景公遣散了宫中专司饮宴游乐的侍从人员、歌妓舞女等三千人。最终景公听从了晏子建议，晏子根据灾民的不同情况分别予以赈济，发放粮食、烧柴、钱款，帮助灾民渡过难关。

　　景公之时，霖雨十有七日。公饮酒，日夜相继。晏子请发粟于民，三请，不见许。公命柏遽巡国，致能歌者。晏子闻之，不说，遂分家粟于氓，徒行见公曰："霖雨十有七日矣！坏室乡有数十，饥氓里有数家，百姓老弱，冻寒不得短褐，饥饿不得糟糠，四顾无告。而君不恤，令国致乐不已，民氓百姓，不亦薄乎？故里穷而无告，无乐有上矣；饥饿而无告，无乐有君矣。使民饥饿穷约而无告，使上淫湎失本而不恤，婴之罪大矣。"再拜稽首，请身而去，遂走而出。公从之，兼于涂而不能逮，令趣驾追晏子其家，不及。公驱及之康内。公下车从晏子曰："寡人有罪，夫子倍弃不援，寡人不足以有约也，夫子不顾社稷百姓乎？愿夫子之幸存寡人，寡人请奉齐国之粟米财货，委之百姓，多寡轻重，惟夫子之令。"遂拜于途。晏子乃返。令柏遽巡氓，家室不能御者予之金，三日而毕，后者若不用令之罪。公损肉撤酒，琴瑟不张，钟鼓不陈。(《晏子春秋·内篇谏上》)

晏子主张革除旧的烦琐礼仪，反对久丧厚葬。他认为，讲究烦琐费事的表面礼仪，盛行厚葬久丧，把贵重有用的器物货财当作陪葬品供养死人，使人徒自破财伤身，有害无益。"厚葬破民贫国，久丧道哀费日"(《晏子春秋·外篇第八》)。《晏子春秋》记载，齐景公的宠臣梁丘据死了，齐景公欲"丰厚其葬，高大其垄。"(《晏子春秋·内篇谏下》) 由于晏子反对，景公"遂罢为垄之役，废厚葬之令。"(《晏子春秋·内篇谏下》）这显示出了晏子务实的精神，不追求那些不实用的东西和礼节。

 知识链接 ⸳⸳

　　为了将"以人为本""以百姓为天""从民所欲"的民本思想落到实处，在管仲相齐的实践中，力主贯彻"凡治国之道，必先富民"的方略，将富民作为第一要务。管子认为得民心是实现国家富强、社稷安定的关键；欲得民心，当以心系百姓为要；心系百姓者，必先使百姓富足。这就是管子"以天下之财，利天下之人"的王道政治经济学要义。

　　管子强调，国家要兴盛，一定要民富，要"藏富于民"，民富才有国富，民富与国富是相统一的。管子认为，既然天下

| 位于山东淄博的管仲纪念馆外景

"非一人之天下",而是万民共同的天下,那么,与天下人共享天下货财者,可得天下、安天下;独占天下货财者,虽成必败。管子告诫说,独富之君,必有亡国之虞。"藏富于民"并不是以牺牲"国富"为条件,民富之后国家可增加税收,税收增加了国家就会富裕,国富了军队就会强大,诸侯就服从国家的政令,因此,国富与民富不矛盾,民富是国富的必要条件。同时,民富之后就会安乡重家,社会就会稳定,国家就易于治理;反之,民贫就会离乡轻家,从而就敢犯上违法,国家也就难以治理。

(三)鲁之"富民"思想

1.孔子"因民之所利而利之"的思想

孔子的"富民"思想,是在游历考察卫国后提出的。"子适卫,冉有仆。子曰:'庶矣哉!'冉有曰:'既庶矣,又何加焉?'曰:'富之。'曰:'既富矣,又何加焉?'曰:'教之'。"(《论语·子路》)意思是说,孔子到卫国,冉有驾车。孔子说:"这里的人口真多啊!"冉有说:"人口已经够多了,再该做什么?"孔子说:"使他们富裕起来。"冉有说:"如果已经富裕了,再该做什么?"孔子说:"教育他们。"文中提到"庶、富、教"三个治国理政理念,"富民"就是其中的重要内容之一。孔子的富民思想,主要体现在"义以生利""养民也惠""使民以时""薄赋敛""均无贫"等观点。

（1）"义以生利"

孔子主张"重义轻利"，但同时也充分肯定人的欲望的客观性、合理性与正当性。《论语·颜渊》篇记载："子贡问政。子曰：'足食，足兵，民信之矣。'"孔子把"足食"放在首位，要求从政为官者，应首先考虑民众的生活问题。在孔子看来，王朝灭亡的原因就是民众的普遍困穷，"四海困穷，天禄永终。"（《论语·尧曰》）孔子认为，"富与贵，是人之所欲也；贫与贱，是人之所恶也。"（《论语·里仁》）孔子认为，求富之心是人的本性，"富与贵是人之所欲也，不以其道得之，不处也；贫与贱是人之所恶也，不以其道得之，不去也。"（《论语·里仁》）这里指的"人"的范畴，是广义的，既包括君子也包括"小人"，是指无论君子还是"小人"，都有求富的欲望，但是，往往"君子上达，小人下达。"（《论语·宪问》）对君子来说，不会去无限制地放任和追逐个人的欲望名利，过分的贪欲反而会让自己反受其害，也就是"放于利而行，多怨。"（《论语·里仁》）因而要对"求利"制定一定的可以遵循的规范，这个规范就是"义"。

孔子主张的"富民"思想，是必须在遵守"义"的前提下进行的。只有遵照"义"的规则，才能"生利"。"义"在春秋时期颇为流行，是对民众"合宜"社会道德行为的理论概括。作为一种道德规范，它常与"求利"的行为相结合，即"义利"关系。"义"与"利"，二者实质上都属于利益的范畴，只是二者利益的立场不同而已。所谓"义以生利",往往是指"以义制利",公利制约私利,私利要服从公利,也就是以一种利益去制约另一种利益。比如,统治阶级的利益是公利,被统治阶级的利益就是私利;在统治阶级内部,上级的利益是公利,下级的利益就是私利;统治阶级的全局和长远利益是公利,而其局部和暂时利益就是私利。国家、社会的进步发展,往往需要私利服从公利,这就是"义";反之则为"不义"。在这种传统的义利观基础上,孔子形成了较为系统的义利思想。

孔子认为,处在社会和国家中不同地位的人在各自的获利方式以及在获得的利的多少上是不一样的。"小人怀惠"(《论语·里仁》),"小人"(意指普通民众)是财富的直接生产者,通晓获得财利之事,必然会"唯利是图";但"君子谋道不谋食。耕也,馁在其中矣;学也,禄在其中矣。"(《论语·卫灵公》)"樊迟请学稼。子曰:'吾不如老农。'请学为圃。曰:'吾不如老圃。'樊迟出。子曰:'小人哉,樊须也。上好礼,则民莫敢不敬;上好义,则民莫敢不服;上好信,则民莫敢不用情。夫如是,则四方之民襁负其子而至矣,焉用稼?'"(《论语·子路》)从孔子的回答可以看出,他认为种庄稼和种菜是低微的,是普通百姓应该从事的,而上位者学习的应该是礼、义、信等道德品质。反映了当时教育目的主要是培养居上位者,而不是培养劳动者。故而孔子把民众的"求利"行为,限定在不平等的严格的等级之中。

孔子强调,要使固有的秩序保持稳定,就必须在实现"富民"的过程中克制私欲，做到"贫而乐，富而好礼。"(《论语·学而》)他认为，"丘也闻有国有家者，不患贫而患不均，不患寡而患不安。盖均无贫，和无寡，安无倾。"(《论语·季氏》)他称赞颜回说，"一箪食，一瓢饮，在陋巷，人不堪其忧，回也不改其乐"(《论语·雍也》)，提倡安贫乐道："饭疏食，饮水，曲肱而枕之，乐亦在其中矣。不义而富且贵，于我如浮云。"(《论语·述而》)

孔子求的是"求富有道"，"富而可求也，虽执鞭之士，吾亦为之。"(《论语·述而》)他反对"不义而富且贵"，认为"邦无道，富且贵焉，耻也；邦有道，贫且贱焉，耻也。"(《论语·泰伯》)对于合乎"义"的求利行为，他一向是予以充分肯定的。孔子把"礼"作为"以义制利"的标准，提出礼、义、利相统一的观点，"唯器与名，不可以假人，君之所司也。名以出信，信以守器，器以藏礼，礼以行义，义以生利，利以平民，政之大节也"(《左传·成公二年》)，这也是孔子义利思想的独到之处。

(2)"因民之所利而利之"

"因民之所利而利之"，是孔子"富民"的主要主张。富民，就是藏富于民，民富才能国富。因此他希望统治者要关注民众的要求，尽可能满足民众物质的需要。在他看来，民众的富和君主的富，民众的利益和君主的利益，从根本上是一致的。他强调物质生活决定着精神生活。"子贡问政。子曰：'足食，足兵，民信之矣。'子贡曰：'必不得已而去，于斯三者何先？'曰：

'去兵。'子贡曰：'必不得已而去，于斯二者何先？'曰：'去食。自古皆有死，民无信不立'。"（《论语·颜渊》）孔子认为"食、兵、信"三者，"食"列第一位。足食、足兵，是民信的前提，民信是足食、足兵的结果，论述了在为政、治国中取信于民的重要性，民信乃是立国之本，因此要"因民之所利而利之"。

孔子还提出了"使民以时"的观点。"所重：民、食、丧、祭"（《论语·尧曰》），把民与食置于政务之首，体现了孔子对农业生产的重视。他还特别强调农时的概念，"道千乘之国，敬事而信，节用而爱人，使民以时。"（《论语·学而》）意思是统治者治理国家，应当恭敬从事，诚信不欺，节约用度，爱护人民，役使民众选择适宜之时。在以农业生产为主的社会生产条件下，他认为要让人们富裕，保证农时非常关键，要使农民的农时得到保证，才能保证农业生产，因此要谨慎地使用民力，要"使民如承大祭。"（《论语·颜渊》）孔子"使民以时"的观点不仅在当时，直至今天仍然具有重要的价值意义。

在财富生产上，孔子主张要使"民富"就要发展经济，提出了"开禁利民"的主张。孔子希望统治者废山泽之禁，向民众开放更多的生产领域。孔子指出："因民之所利而利之，斯不亦惠而不费乎？择可劳而劳之，又谁怨？欲仁而得仁，又焉贪？"（《论语·尧曰》）孔子还批评鲁大夫臧文仲"妾织蒲""置六关"是与民争利的"不仁"的行为，主张要顺民情听民意，国家不任意干涉人民的生产经营，并适当给生产者一些实际利益，以提高他们的生产积极性。他说："宽则得众……惠则足以使人"（《论语·阳货》），"因民之所利而利之，斯不亦惠而不费乎？"（《论语·尧曰》）"因民之所利而利之"，开禁利民的经济主张，打破了当时统治阶级的资源垄断，充分调动和发挥民众的积极性，让人民自己经营对他们自己有利的事，并从中得到实利。

（3）"均无贫"

孔子还提出了"均无贫"的思想，反对扩大贫富差别，"丘也闻有国有家者，不患寡而患不均，不患贫而患不安。盖均无贫，和无寡，安无倾。"（《论语·季氏》）意思是说孔子听说有国的诸侯、有家的大夫，不担心贫穷而担心财富不均，不担心民众少而担心不安定。财富均匀就不会觉得贫穷，彼此和睦便不觉得民众稀少，国家安定便不会有倾覆的危险。孔子提出的"均无贫"的"富民"思想，旨在反对贫富差别，提倡"均富"的重要理念。

在财富分配上，孔子主张要减轻百姓的负担，提出了"薄赋敛"的主张。孔子站在新兴地主阶级的立场，反对贵族领主以任何形式增加赋税，要求统治者轻徭薄赋，保护人们的生产积极性。他强调要培养税源，不能竭泽而渔。"百姓足，君孰与不足；百姓不足，君孰与足。"（《论语·颜渊》）鲁国执政的领主贵族季康子在改"丘赋"为"田赋"之前，曾派冉有去试探孔子的意见，孔子表示坚决反对，并提出了"施取其厚、敛从其薄"的原则：

季孙欲以田赋，使冉有访诸仲尼。仲尼曰："丘不识也。"三发，卒曰："子为国老，待子而行，若之何子之不言也？"仲尼不对。而私于冉有曰："君子之行也，度于礼，施取其厚，事举其中，敛从其薄，如是则以丘亦足矣。若不度于礼，而贪冒无厌，则虽以田赋，将又不足。且子季孙若欲行而法，则周公之典在。若欲苟而行，又何访焉？弗听。（《左传·哀公十一年》）

孔子的意思是说，君子推行政事，要根据礼来衡量，对民的施与要厚、赋敛应薄。尽管孔子明确主张"施取其厚，事举其中，敛从其薄"，但是冉求仍旧听从季氏，实行田赋制，孔子感到非常气愤，就宣布开除了冉求的学籍，孔子生气地说，"季氏富于周公，而求也为之聚敛而附益之。子曰：'非吾徒也，小子鸣鼓而攻之，可也。'"（《论语·先进》）

孔子创立的儒家学说，其核心是关于"仁"的学说。"仁"体现在经济领域中就是"富民"的思想，求仁则求安，安则求富，富则求均，均则和，饱食暖衣，逸居而有教，则臻乎小康之治。仁政学说中提出了仁者爱人，"泛爱众，而亲仁"（《论语·学而》）和"四海之内，皆兄弟也"（《论语·颜渊》）的思想。特别是提出了"养民也惠"（《论语·公冶长》）、"博施于民而能济众"（《论语·雍也》）的"为政以德"的执政理念。为政的首要任务，就是满足人的生存需要，就是让百姓能丰衣足食，安居乐业。实现"仁爱""富民"的途径则是"己欲立而立人，己欲达而达人"（《论语·雍也》）、"己所不欲，勿施于人"（《论语·颜渊》）的"忠恕"之道。

2. 孟子"制恒产"的富民思想

孟子进一步发展了孔子的经济思想，并提出了具体的富民保民政策。他对齐宣王说："保民而王，莫之能御也。"（《孟子·梁惠王上》）富民、保民、养民的关键在于实行"王政"，"仁政"，要以仁爱之心去爱百姓。主张执政者要"施仁政于民"，给人民以实际利益。孟子的"仁政"思想是对孔子"为政以德""富民""惠民""德治"思想的发展和进步。就"富民"的内容和方式看，孟子构想得较为完整且具体，主要体现在他的"制恒产""正经界"的构想、"省刑罚，薄税敛，深耕易耨"（《孟子·梁惠王上》）等思想内容方面。

（1）"制恒产"与"正经界"

孟子与孔子的观点一致，认为求富求贵是人性的本能。"富，人之所欲……贵，人之所欲"（《孟子·万章上》），"欲贵者，人之同心也"（《孟子·告子上》），论证了"求富""求贵"是人的欲望的客观性、合理性与正当性，提出了"制民之产"的构想。认为"民事不可缓也"（《孟子·滕文公上》），执政者要保障人民能过上温饱甚至小康的生活。

孟子深刻认识到"富民"的重要性。"民之为道也，有恒产者有恒心，无恒产者无恒心"（《孟子·滕文公上》），"若民，则无恒产，因无恒心。苟无恒心，放辟邪侈，无不为已。"（《孟子·梁惠王上》）老百姓没有"恒产"，就失去了"恒心"，就会放辟邪侈，不守法纪，胡作非为，什么事都干得出来。"及陷于罪，然后从而刑之，是罔民也。焉有仁人在位罔民而可为也？"（《孟子·滕文公上》），老百姓因此犯了罪行，然后对他们施加刑罚，相当于给他们设下了罗网。任何有仁爱的在位君主，怎么可以干出陷害人民的勾当呢？孟子认为，老百姓起而抗争造反的原因都是因为没有"恒产"，不能满足基本的生活需求，如果执政者予以镇压，则会错上加错，加剧矛盾。

孟子认为君王应使百姓得到能够自足的最基本的生产和生活资料，使家家具有"五亩之宅，树墙下以桑，匹妇蚕之，则老者足以衣帛矣。五母鸡，二母彘，无失其时，老者足以无失肉矣。百亩之田，匹夫耕之，八口之家足以无饥矣。"（《孟子·尽心上》）当然，孟子勾画出来的这幅理想的富民生活图景中，"五亩之宅""百亩之田""五母鸡""二母彘"，这些数字孟子说的都是约数，也就是说，一户人家若拥有这些约数的生产资料或私有财产，就可以维持温饱型的生活水准并且可以向富裕型的方向发展。"是故明君制民之产，必使仰足以事父母，俯足以畜妻子；乐岁终身饱，凶年免于死亡；然后驱而之善，故民之从之也轻。"（《孟子·梁惠王上》）基于此，孟子提出了要"富民"，就要"制民之产"，只有制定"恒产"，才能彻底解决统治者和被统治者之间的冲突，化解矛盾。孟子提出的"制民之产"的设想，意指国家要恰当地规定老百姓的产业，产业应是"恒产"，即固定产业，有形的不动产，具体所指为土地。并且，他指出制民之产的数量不能太少太低："今也制民之产，仰不足以事父母，俯不足以畜妻子；乐岁终身苦，凶年不免于死亡。"（《孟子·梁惠王上》）可见，孟子制民之产的标准，其下限是要能确保人民生活温饱，其上限则是要让人民能过上小康的生活。

孟子认为，能否真正落实制民之"恒产"和"仁政"，关键在于"正经界"。"经"，是指经度、丈量；"界"，是指井田的界限，也就是丈量清楚井田界限。他说，"夫仁政，必自经界始……方里而井，并九百亩，其中为公田。八家皆私百亩，同养公田；公事毕，然后敢治私事"（《孟子·滕文公上》），即每一方里的土地为一井田，每一井田有九百亩，其中一百亩为公田，此外的八百亩分给八家作私田，八家先把公田耕种完，再来耕种自家的私田，这就区别了官民的田产。孟子认为只有这样才是真正的"仁政"，既可以分清官与民的利益，还让邻里之间和谐相处，"乡田同井，出入相友，守望相助，疾病相扶持，则百姓亲睦"（《孟子·滕文公上》），守望相助、防御盗贼、遇有疾病还可以相互照顾，同时还可以防止贪官污吏的腐败和扩大贫富差别。

孟子提出的"正经界"，是落实"有恒产"的关键，也是防止财富分配不均所造成的贫富差别。他认为，"经界不正，井地不均，谷禄不平"（《孟子·滕文公上》），井田的田界划分如果不正确的话，导致井田的大小不均匀，那么作为田租收的也就不会公平合理；"经界既正，分田制禄可坐而定也"（《孟子·滕文公上》），划分的经界正确了，分田制禄就都公平合理了，就可以防止扩大贫富的差别。孟子之所以反复劝说统治者实现"制民之产""分田制禄"，提出"正经界"，推行"恒产"等制度，就在于他认识到当时土地对于百姓的生存以及对统治者实现长久统治的重要性。

（2）不与民争利，轻徭薄赋

战国时期，诸侯纷争，统治阶级机构日益庞大，同时统治阶级内部腐朽加剧，百姓赋役负担沉重。当时的赋税名目繁多，包括人头税、牲畜税、户税、树木税、房屋税、关市之征等，并且征税的法令十分苛刻，发布政令后，限期内须缴纳完毕，期限有五天、八天、十天，最短是"朝令而夕具"（《管子·国蓄》），当天执行，必须缴纳完毕。同时，战争也在不断升级，人民的徭役负担也极为沉重。由于役期过长，严重地影响了农业生产。一方面百姓要缴纳税赋，另一方面又必须参加战争徭役，层层盘剥，百姓苦不堪言。

面对统治者的残酷剥削造成贫富不均、百姓困苦的现象，孟子进行了深刻批判，"庖有肥肉，厩有肥马，民有饥色，野有饿莩，此率兽而食人也"（《孟子·梁惠王上》），统治者们家里有肥美的肉食、膘肥的马匹，自己过着丰衣足食的生活，而百姓却是食不果腹甚至还有饿死的尸骨，这就像带领野兽来吃人一样。如果遇到荒年，百姓更是"老弱转乎沟壑，壮者散而之四方。"（《孟子·梁惠王下》）之所以出现这样的情况，孟子认为，正是因为像梁惠王这样的统治者不作为、不施善政

而致。徭役过重，必然造成百姓破产，"彼夺其民时，使不得耕耨以养其父母，父母冻饿，兄弟妻子离散。"（《孟子·梁惠王上》）

孟子认为，治国必须以仁政为本，先富民后富国。如果偏离仁政，只求富国而不求富民，那就是"舍本逐末"，最终"末"也不可得。"今之事君者曰：'我能为君辟土地，充府库。'今之所谓良臣，古之所谓民贼也。君不乡道，不志于仁，而求富之，是富桀也。"（《孟子·告子下》）意思是说，如今一些臣子说我能替君主开拓疆土、充实府库。其实现在的所谓的良臣，就是古时候的民贼。君主不爱民，而是只为了富贵，和过去富有的夏桀没有什么区别。因此，要施仁政，减轻人民的徭役负担，发展生产，使民富足，民富然后国富。

> 地方百里而可以王。王如施仁政于民，省刑罚，薄税敛，深耕易耨。壮者以暇日修其孝悌忠信，入以事其父兄，出以事其长上，可使制梃以挞秦楚之坚甲利兵矣。彼夺其民时，使不得耕耨以养其父母，父母冻饿，兄弟妻子离散。彼陷溺其民，王往而征之，夫谁与王敌？故曰："仁者无敌。"王请勿疑！（《孟子·梁惠王上》）

为了减轻人民的徭役负担，孟子认为统治者役使人民时不要影响农业生产，这是民富的重要前提和条件，即"民事不可缓"（《孟子·滕文公上》），"不违农时，谷不可胜食也"（《孟子·梁惠王上》），"易其田畴，薄其税敛，民可使富也"（《孟子·尽心上》），不耽误农业生产的季节，粮食就会获得大丰收，百姓种好了田地，又被减轻了赋税，就可以变富了。所以孟子主张执政者要施仁政，对百姓要多予少取，这也是孟子"仁政"学说中的义利观，反映在赋役方面，便是在承认赋役剥削合理性的前提下，主张不与民争利，轻徭薄赋。

在征收税收的项目上，孟子提倡"去关市之征"，取消人头税、房屋税、商业税等，主张只征收单一的农业税。孟子认为，"有布缕之征，粟米之征，力役之征，君子用其一，缓其二。用其二而民有殍，用其三而父子离。"（《孟子·尽心下》）孟子认为，贤明有仁爱之心的君主一般只征收平常三种税法其中的一种，这样百姓才能够生活并富足；如果征收其中的两种，百姓就会有人饿死；如果三种同时征收，就会出现父子离散、家破人亡的情况。

因此，孟子提出了区别对待、根据实际征收税法的主张。比如，对远离城市的乡村征收劳役地租，"助而不税"（《孟子·公孙丑上》）；对井田中的居民，因百亩公田是八家共耕的，因此公田收获物归政府，此外不再征税；对城市以及近郊的百姓，征收实物地租，"什一使自赋"（《孟子·滕文公上》），让农民按照土地产量自行向政府缴纳收获物的十分之一作为地租。孟子认为，征收收获物总数十分之一的税率最为合理，"夏后氏五十而贡，殷人七十而助，周人百亩而彻，其实皆什一也。"（《孟子·滕文公上》）并且孟子建议丰年多收，灾年少收甚至不收，人民的生活也可以得到保障。孟子反对横征暴敛，就是反对统治阶级竭泽而渔，让百姓能够维持最基本的生活水平，进一步发展生产，达到富民强国的目的。

🔗 **知识链接** ·······························

　　孔子"求富有道"的思想，强调的是在追求财富的过程中应遵循正当和道德的原则。具体来说，孔子不否认人们追求财富的愿望，认为追求财富是人之常情，但是获取财富的手段必须正当，追求财富不能违背道德和正义，不能通过不正当手段获得财富，要通过诚实的劳动和正当的途径来获得，哪怕是通过低微的工作如执鞭之士来谋生，也无可厚非。但同时孔子也强调，即使放下身段、通过低微的工作来谋生，也不能背弃仁义道德，要通过不断学习新知识、新技能，以增强自身竞争力。

　　在市场经济化的今天，孔子的这些思想至今仍对我们的生活有着重要的启示作用，提醒我们在追求物质财富的同时，不应忽视道德和伦理的约束。要做到"穷则独善其身，达则兼济天下"，不仅让"取之有道"的钱财满足一己之需，还要让它物尽其用，回报社会。

（四）荀子对齐鲁"富民"思想的继承与发展

　　《荀子·富国》是先秦时期最早较系统而全面论述经济与

政治关系的著作，集中论述了荀子的富民富国主张和经济思想，多方面提出了发展经济的举措与施政方针，并对先前的儒家民本思想进行了充实完善，将其推向新的高度。此外，他的《大略》《王制》等篇中也散布着富民思想，可见荀子的经济思想非常丰富。荀子基本上继承了孔子的民本思想，将礼义看作是王者之道的根本，富民看作是王道之目标。荀子关于"富民"的思想，主要体现在固本节用上，他主张先富后教、节用裕民、合理分配等"富民裕民"的经济思想，对于维护封建统治和社会稳定发挥了重要作用。

1. "义与利为人之所两有"

荀子也认为"求富"是出自人的本性要求。他说："今人之性，饥而欲饱，寒而欲暖，劳而欲休，此人之情性也。"（《荀子·性恶》）荀子认为，百姓除了有饥寒劳休最起码的欲求，还有更高的欲求，"夫人之情，目欲綦色，耳欲綦声，口欲綦味，鼻欲綦臭，心欲綦佚。此五綦者，人情之所必不免也。"（《荀子·王霸》）人的眼睛要看遍最美的颜色，耳朵要听最好的声乐，嘴巴要吃最好的美味，鼻子要闻最香的气味，心里想要享受最大的快乐。这五种欲望，是人人都不可避免的。所以，荀子还强调，"今人之性，生而有好利焉"（《荀子·性恶》），"以人之情为欲多而不欲寡。"（《荀子·正论》）

荀子在肯定"求富"合理性的同时，突破了前期儒家"重义轻利"的思想，把"利"提到与"义"同等的地位。荀子认为，

"义与利者，人之所两有也。虽尧舜不能去民之欲利，然而能使其欲利不克其好义也。"（《荀子·大略》）他将义和利视为"人之所两有"，是缺一不可的，这就肯定了人们欲望的正当性，认为人们的合理欲望应当得到满足。他又提到："不富无以养民情，不教无以理民性。故家五亩宅，百亩田，务其业，而勿夺其时，所以富之也。立大学，设庠序，修六礼，明十教，所以道之也。"（《荀子·大略》）可以看出，荀子在这里就明确提出了既富且教的富民主张。

2."王者富民"

荀子尤其强调"固本"的重要性。荀子从民为国之本的现实路径出发，认为王者必须实行裕民富民政策。

> 故王者富民，霸者富士，仅存之国富大夫，亡国富筐箧，实府库。筐箧已富，府库已实，而百姓贫，夫是之谓上溢而下漏，入不可以守，出不可以战，则倾覆灭亡可立而待也。（《荀子·王制》）

大意是说，真正的王者让民富，才能成就王业；让一部分上层阶级富有的，可以成为一时的霸主；而只知聚敛，只让国库充盈但百姓贫穷的，则最终会导致亡国。基于此，荀子提出了"故王者富民"（《荀子·王制》）的理念，把希望寄托在实行仁政的君主身上。

为了实现"富民"，荀子提出了"养万民"之法，其原则是，"王者之法，等赋，政事，财万物，所以养万民也。"(《荀子·王制》)，即可以按照规定的赋税等级，处理好民事政事，处理利用好万事万物，就能够用来养育广大民众。对此，荀子探讨了实现王道和"养万民"的具体方法和措施，比如提出，"田野什一，关市几而不征，山林泽梁，以时禁发而不税。相地而衰政，理道之远近而致贡，通流财物粟米，无有滞留，使相归移也。四海之内若一家，故近者不隐其能，远者不疾其劳，无幽闲隐僻之国，莫不趋使而安乐之。夫是之为人师。是王者之法也。"(《荀子·王制》)荀子提出，对农业的征税，可以征收其收入的十分之一；而对于关卡、集市、山林湖堤，则建议不收税。并且荀子还进行了详细的规定，比如，土地要按照肥瘠来区别征税，对货物要根据道路的远近来征税。这样一来，附近的百姓不会为了税收而故意隐藏自己的能力，远处的经商者也不会计较路途的辛苦奔走，这样的君主才是表率，这才是王者所奉行的王道。

3."节用""裕民以政"

荀子以"下贫则上贫，下富则上富"，来说明民富与国富辩证统一的关系。要使国家富足，就必须实行裕民、富民的政策，民富则国富。他提出了"裕民以政""节用裕民""开源节流"的"富民"思想，尤其强调"足国之道"的"节用裕民"的主张。

足国之道：节用裕民，而善臧其余。节用以礼，裕民以政。彼裕民，故多余。裕民则民富，民富则田肥以易，田肥以易则出实百倍。上以法取焉，而下以礼节用之，余若丘山，不时焚烧，无所臧之。夫君子奚患乎无余？故知节用裕民，则必有仁圣贤良之名，而且有富厚丘山之积矣。此无他故焉，生于节用裕民也。(《荀子·富国》)

这也就是说，荀子认为富国的途径，在于节用裕民，并要妥善合理地保管和使用国家的物资。一是要用礼的规定去限制消费做到节用，二是要有具体举措让民众得到真正的实惠。做到节用，国家的物资就有足余；采取裕民措施，百姓就会富裕起来；百姓富裕起来了，土地就能肥沃并耕种得好；土地肥沃并耕种得好，自然就能五谷丰登、获得大丰收。如果朝廷能依法征税，百姓又能节制消费，那么粮食会富足的像山一样地堆积起来，从而积累起来像山一样的财富。而实现这一目标的根本原因，就在于做到了"节用裕民"。但同时，荀子也指出如果不实现"节用裕民"措施的后果。

不知节用裕民则民贫，民贫则田瘠以秽，田瘠以秽则出实不半；上虽好取侵夺，犹将寡获也。而或以无礼节用之，则必有贪利纠譑之名，而且有空虚穷乏之实矣。此无他故焉，不知节用裕民也。(《荀子·富国》)

荀子还提出了"俱富"的原则，以此来防止贫富差距。"古之所谓仕士者……羞独富者也。今之所谓仕士者……贪利者也。"（《荀子·非十二子》）意思是说，古代所说的做官的人，是以独自富裕为羞耻的人。而今天为官者，则是谋求贪图私利的人。鉴于此，荀子提出了"富则施广"（《荀子·仲尼》）的主张，提倡富人应做善事、救助穷人，向穷人布施，缩小贫富差别。"使民夏不宛暍，冬不冻寒，急不伤力，缓不后时，事成功立，上下俱富。"（《荀子·富国》）也就是说，古代的仁君，在夏天不会让百姓中暑、在冬天不让他们挨饿受冻、国家危急时不伤民力、国家和平时不失时令，就这样成就功业，百姓爱戴、上下富足。

荀子认为，要实现"俱富"，需要君、臣、民明确分工，各负其责。

> 兼足天下之道在明分：掩地表亩，刺中殖谷，多粪肥田，是农夫众庶之事也。守时力民，进事长功，和齐百姓，使人不偷，是将率之事也。高者不旱，下者不水，寒暑和节，而五谷以时孰，是天之事也。若夫兼而覆之，兼而爱之，兼而制之，岁虽凶败水旱，使百姓无冻馁之患，则是圣君贤相之事也。（《荀子·富国》）

同时，荀子认为在满足上述条件的同时，还要风调雨顺才能实现目标，"高者不旱，下者不水，寒暑和节，而五谷以时埶，是天之事也。"(《荀子·富国》) 所以，总结出天时、地利、人和对富民起着重要作用。"上失天时，下失地利，中失人和，天下敖然，若烧若焦，墨子虽为之衣褐带索，嚼菽饮水，恶能足之乎？"(《荀子·富国》) 错失了上下中的天时、地利、人和，天下都会受到煎熬，尽管墨子布衣粗食，但这样怎么能够让人民富足？只有"上得天时，下得地利，中得人和，则财货浑浑如泉源，汸汸如河海，暴暴如丘山"(《荀子·富国》)，财富才能绵绵不绝，实现真正的富足。

荀子还论述了"节用"和"共富"的关系。"明主必谨养其和，节其流，开其源，而时斟酌焉。潢然使天下必有余，而上不忧不足。如是，则上下俱富，交无所藏之，是知国计之极也。"(《荀子·富国》) 即作为明主仁君，要处理好源和流的关系，增加农业生产，节约财政支出，开源节流，物厚粮丰，这样才能真正实现"俱富"。值得一提的是，荀子在那个时期就已经明确提出了以"开源节流"的经济政策来实现富民和富国的目标，具有重要的意义。

综上可以看出，荀子认为民富国富的主要途径是节用和共富。节用要依靠礼制，而民富要依靠政策。生产是根本的基础，分配和消费又制约着生产，如果民众不富裕，就无法扩大再生产，也无法提高生产效率，将生产、分配、消费作为一个完整统一的经济过程进行认识，形成了较为系统的"富民"思想和经济思想。

民生是人民幸福之基，社会和谐之本。纵观古今，无论哪个国家、哪个民族、哪个政党，什么时候解决好民生问题，则民殷国富，天下大治；什么时候忽视了民生问题，则民怨沸腾，天下大乱。所以，民生问题不仅是经济问题，更是政治问题、社会问题。正如《管子》所言，"仓廪实而知礼节，衣食足而知荣辱"，一个国家，只有首先解决好民生问题，富民利民，才能够进一步地推行礼乐教化，才能实现政通人和，天下太平。

四、文以教民：道之以德，齐之以礼

中国古人很早就认识到了国家的前途命运与人民的文化素质、道德修养息息相关，"人无德不立，国无德不兴"。但由于个人私欲的膨胀和后天环境的影响，人们会逐渐失去自性明德，变得自私蒙昧。因此，要推广德治教化百姓、开启民智，引导大众回到自然正义及其本然的明德状态。因此，在治国理政路径的选择上，封建君主基本选择了"建国君民，教学为先"（《礼记·学记》）的德教思想，坚持"为政以德"（《论语·为政篇》）、"德惟治，否德乱"（《尚书·太甲下》）的德治主张，提出了"民惟邦本，本固邦宁""水能载舟，亦能覆舟"等民本思想，坚持以德治国、立德树人，从根本上实现人安国治，从而为国家的稳定发展奠定良好的人文基础。

（一）早期"教民"思想的萌芽

早在尧舜时代，就出现了德教思想的萌芽，注重对民众教化，推行德教。"帝曰：契，百姓不亲，五品不逊，汝作司徒，敬敷五教，在宽。"（《尚书·舜典》）大意是物质财富的增长，非但没有促进社会和谐，反而出现了诸多的家庭不和睦、百姓不友善的情况。于是舜帝认为，首先要解决的是"人心惟危"的问题，强调从统治者到普通百姓，都应"以德节欲"，提倡"德治"，推行"道德教化"。

夏、商两代继承了尧舜的德教思想。据文献记载，夏启与有扈氏战而不有胜，归而修德，"亲亲长长，尊贤使能。期年，而有扈氏服"（《吕氏春秋·先己篇》），可见夏启重视德教。《左传·襄公二十六年》所引的《夏书》里记载，"惟彼陶唐，帅彼无常，有此冀方，今失其行，乱其纪纲，乃灭而亡。"因为夏桀不施行德教，滥杀无辜，所以导致了国亡。商朝吸取了夏灭亡的教训，十分重视对人民实施教化。据《孟子》记载，商代伊尹曾说，"天之生此民也。使先知觉后知，使先觉觉后觉也。予，天民之先觉者也，予将以斯道觉斯民也。非予觉之，而谁也？"（《孟子·万章上》）他试图通过教化，让民众成为尧舜之民。如果有人没有受到他的教化，就感觉是自己把这个人推进深山沟里一样。伊尹教民的主张，虽然是由孟子记载下来的，有儒家思想的烙印，但从史料来看，夏代之所以灭亡，是由于夏桀暴虐无道残害人民，商汤得天下后，伊尹强调重民、"教民"来代替夏桀的"暴民"。伊尹重视对民众的教化，这是民本主义思想在我国的最早记载。

周初姬旦，继承了尧舜夏商的重民思想，并认真总结夏商灭亡的教训，明确提出了"保民"的思想。姬旦认为要"保民"，就必须做到重民、顺民、惠民，尤其是"教民"，"我闻曰：古之人犹胥训告，胥保惠，胥教诲，民无或胥诪张为幻。"（《尚书·无逸》）只有将"爱民"与"教民"结合起来，百姓才不会被欺骗迷惑。由此，姬旦提出了"明德慎罚""兹迪彝教"（《尚书·康诰》），主张用德教的手段来治理国家，这样才能使老百姓改恶从善成为"新民"，百姓才能安居乐业。《六韬》记载了周王和姜尚的对话，"陈其政教，顺其民俗"（《六韬·武韬·文启》），反映了当时西周的统治者重视教民，并按照各地的风俗民情进行教化，才能得到民众拥护。在教化民众的方法上，则主张因势利导，顺其自然，"天下之人如流水，障之则止，启之则行，静之则清。"（《六韬·武韬·文启》）

尧、舜、夏、商和西周时期诞生的重民、教民思想的萌芽，为儒家学派和齐鲁文化民本思想中的德教和重教思想奠定了思想和理论基础。这种原始的民本以及治国教民的思想，经过春秋战国的充实和发展，日益成熟并成为民本思想的主要内容。

（二）齐之"教民"思想

在治理国家时，姜太公一直把"爱民"作为治理自己封地的基本思想，以仁义之道，修德惠民，使民和服。太公在实行仁政爱民的政策时，因民俗、顺民情，重视对子民的教化，"利而无害，成而无败，生而无杀，与而无夺，乐而无苦，喜而无怒。"（《六韬·文韬·国务》）正因为姜太公实行了仁德惠民教民之策，也使得齐国成立之后，真正将爱民教民思想贯彻到执政实践之中，并成为齐国的基本国策。

1. 姜尚"六守三宝"的思想

据传，姜子牙兵书《六韬》《三略》是我国现存最古老的兵书之一，也是最早涉及管理的著作。《六韬》包括《文韬》《武韬》《龙韬》《虎韬》《豹韬》《犬韬》六篇，共六十章。《六韬》一书，堪称古代帝王之学，是古代统治阶级治理国家和管理臣民的理论和方法。姜太公在《六韬》中提出"人君有六守三宝"，"六守"，是指仁、义、忠、信、勇、谋；"三宝"，是指大农、大工、大商。太公认为，三宝各安其处，则民无忧。尽管从史料中，目前我们并没有发现姜太公明确提出"教民"这一词汇，但观其治国理念和著作内容，已然体现了其爱民和教民的治国理念，给后人积累了政治经验，留下了宝贵的财富。

2. 管子"百姓舍己，以上为心"的思想

管子辅佐齐桓公改革内政、发展经济、富国强兵，使齐国成为春秋五霸之首。管子充分认识到了道德教化对民众的重要作用，"得人之道，莫如利之。利之道，莫如教之"（《管子·五辅》），获得人心的方法，没有比让人民得到利益更好的了，让人民得到利益的方法，没有比施行教化更好的了，充分强调了统治者要以富民和教化为手段，才能赢得人民的真心拥护。管子的教育思想与教育方法，主张要从民心，因民俗，通过教化最终达到的目的是"百姓舍己，以上为心。"（《管子·立政》）可见管子的教民思想在民本思想中的地位和作用。

（1）教盖天下

管子认为，要成就君主的霸王之业，必须通过富国强兵来实现。"霸王之形，象天则地，化人易代，创制天下，等列诸侯，宾属四海，时匡天下。"（《管子·霸言》）这里管子描绘的是成就霸王之业后的理想情景，要向天地取法，要教导民众，才能改朝换代，称霸天下，然后分封诸侯等级，使得四海臣服，一统天下。同时管子认为，仅是国家富强和兵力强盛，而对百姓的教化跟不上的话，不能真正地征服天下。"士盖天下，而教不盖天下，不能正天下。"（《管子·七法》）同样是国家的百姓，如果统治者注重教化百姓，国家就会兴旺昌隆，反之国家则会走向衰亡。

（2）教训成俗

管子进行教化的主要目的，是增加国家的物质财富，在富国强兵的基础上达到"与俗同好恶"，形成一种淳厚的民风，使百姓的行为举止达到自觉遵守礼和法的状态，从而稳定社会秩序，达到"凡牧民者，使士无邪行，女无淫事。士无邪行，教也。女无淫事，训也。教训成俗，而刑罚省，数也"（《管子·权修》）的效果。统治者只有通过社会教化来治理国家，同时减少刑罚，才能去除社会上士之"邪行"、女之"淫事"，改变社会的不良风气，以此形成良好的社会风尚，达到"教训成俗"的目的。

管子主张将国人分成士农工商四民，士农工商四民是国家的基本民众，为了便于管理进行教化，不可使他们杂居。建议士应居清净之地，将农安排于田野，将工匠居于官府附近，商人则居于闹市之中。这样做除了便于管理进行教化，还有另外的作用，就是使他们各以其本业特长教育后代，"少而习焉，其心安焉，不见异物而迁焉。""其父兄之教，不肃而成；其子弟之学，不劳而能。"（《管子·小匡》）从而达到理想的教化效果。

管子提出了为政者要通过礼、义、廉、耻"四维"，即"礼不逾节，义不自进，廉不蔽恶，耻不从枉。故不逾节则上位安，不自进则民无巧诈，不蔽恶则行自全，不从枉则邪事不生"（《管子·牧民》），来教化百姓，达到教化的目的。有了礼、义、廉、耻"四维"的约束，人们就会规范自己的行为、不会趋从坏人、不会巧谋欺诈，从而行为端正、减少恶行，邪恶之事也就不会发生，社会秩序稳定，为政者才会安于其位。

管子"国之四维"的教化思想，是告诉统治者要从细节之处教化百姓，见微知著，"民之谨小礼，行小义，修小廉，饬小耻，禁微邪，治之本也。"（《管子·权修》）从管子的思想可以看出，管子意识到了大的邪恶是从小的恶行开始的，避免了小恶，大恶也就不会发生了。因此要让百姓从小礼、小义、小廉、小耻做起，注意"修小礼、行小义、饬小廉、谨小耻、禁微邪"，在道德和行为上端正自己的行为举止，教化就真正发挥了作用。社会上的"邪行"和"淫事"就会大大减少，社会风气也会好转，百姓也会不自觉地跟随为政者，从而达到"期而致，使而往，百姓舍己以上为心者，教之所期也"（《管子·立政》）的效果，甚至可以达到"未之令而为，未之使而往，上不加勉，而民自尽，竭俗之所期也"（《管子·立政》）的地步。

（3）德法并重

管子的教民思想有其比较进步的地方，主张德教与法治并重，二者相辅相成、殊途同归。《管子》认为人性有"四欲"和"四恶"，"四欲"是指人们对佚乐、富贵、存安、生育的欲望，"四恶"是指人们对忧劳、贫贱、危坠、灭绝的厌恶。人性中的"欲"和"恶"，就需要法令来发挥作用。管子认为，君主治国应从人性出发，如果所给予的只被民众所恶，那么，使用严苛的刑罚和杀戮，也不能够令民众服从，也就不能真正得民心，即"故刑罚不足以畏其意，杀戮不足以服其心"（《管子·牧民》）。因此，管子希望通过道德教化来培养守法意识，养成守法听令的习俗：

> 厚爱利足以亲之，明智礼足以教之，上身服以先之，审度量以闲之，乡置师以说道之，然后申之以宪令，劝之以庆赏，振之以刑罚，故百姓皆说为善，则暴乱之行无由至矣。（《管子·权修》）

管子主张的实施教化、推行法治、颁布政令，都在于使民众同君主在意志和行动上保持一致，德教与法治二者交互使用、互相补充，这也是先秦时期较全面和进步的政治思想。

（4）百年树人

随着周王室衰微，诸侯争霸不断，管子意识到人才在治国和诸侯争霸中的重要性。因此，把教书育人作为社会教化中的重要方面，认为培养人才是比生产五谷更重要的事，要做终身的打算，并首次提出"百年树人"的思想，把树人育人置于教化治国中的突出地位，"一年之计，莫如树谷；十年之计，莫如树木；终身之计，莫如树人。一树一获者，谷也。一树十获者，木也。一树百获者，人也。"（《管子·权修》）希望通过社会教化培养德才兼备的人才，由此来管理社会，维护社会稳定。管子的这一教育理念，标志着教育由当时单纯地为政治服务的精英贵族教育，转向了面向每个社会成员，面向大众的教育，是由"学在官府"逐渐转向私学的重要标志。后来我们常说的"十年树木百年树人"的思想即源于此。

在教育中，管子很重视教育对人的"感化"作用，认为教育对人的个性发展有着积极的影响，好像"秋云""夏之静云""皓月""流水"一般，激励并感化着人的内心世界，促人向善，去做个品质高尚的人。由此可见，管子既强调了"树人"对于维护政权长期性和稳定性的重要意义，也充分肯定了"树人"带来的巨大社会效益。至今，管子"百年树人"的教育思想仍在闪耀着璀璨的光芒。

3. 晏子"身教重于言教"的思想

晏子一生事齐灵公、庄公、景公三位国君，参政长达五十余年。他在从政期间，强谏国君、爱国忧民；在外交中，机智善变，名显诸侯。司马迁甚至说："假令晏子而在，余虽为之执鞭，所忻慕焉。"（《史记·管晏列传》）。晏子之所以有如此政绩，同他提出的民本思想分不开。晏子的民本思想主要见于《晏子春秋》一书，书中几乎有三分之二以上的内容与"民"有关，所以可以认为，民本思想是晏子政治思想的主要内容。

晏子继承了齐国重民的传统，又非常强调爱民。晏子认为真正的爱民、重民不仅应该做到生活上的关心和爱护，还要对其进行礼法教育。晏子之时，已是春秋末年，整个社会都是一片礼崩乐坏的局面，在这种情况下，晏子认识到了礼法的重要性，试图通过礼义来修正人们的行为，从而改变整个社会的混乱局面。关于教民之措，晏子主张身教重于言教。景公问晏子："明王之教民何若？"晏子对曰：

> 明其教令，而先之以行义；养民不苛，而防之以刑辟；所求于下者，不务于上；所禁于民者，不行于身。守于民财，无亏之以利，立于仪法，不犯之以邪，苟所求于民，不以身害之，故下之劝从其教也。称事以任民，中听以禁邪，不穷之以劳，不害之以实，苟所禁于民，不以事逆之，故下不敢犯其上也。古者百里而异习，千里而殊俗，故明王修道，一民同俗，上爱民为法，下相亲为义，是以天下不相遗，此明王教民之理也。（《晏子春秋·内篇问上》）

大意是齐景公问晏子贤明的君主如何教育百姓？晏子回答说，首先要明确教令，教育百姓要懂得礼义之道，通晓法令之策，认识到礼、法对个人及国家的重要性，才能自觉地遵守礼法；其次是君主要做到身体力行，带头遵守礼法，要求百姓做到的首先自己应该做到。晏子自己更是躬行实践、身体力行，他吃粗粮、居陋室，过着极其清贫的生活，多次谢绝了景公的赏赐，同时劝谏国君取消了一些耗民伤财的徭役和苛民的刑罚，"昔者晏子相齐，一狐裘三十载。故民奢示之以俭，民俭示之以礼。"（《盐铁论·救匮》）堪称教化为民的楷模。

晏子的民本思想对当时齐国的稳定和发展起到了积极作用，推动齐国的民本思想往前发展了一大步。但是同时我们应该看到其民本思想的局限性，晏子的民本思想同管子一样，其民本思想中的富民、爱民、教民等，都是站在统治者的位置去思考如何维护统治者的利益、维护政权、实现政权的稳定。最终目的是实现君主的"使民"，因而具有一定的阶级性。

🔗 **知识链接** ┈┈┈┈┈┈┈┈┈┈┈┈┈┈┈┈┈┈┈┈┈┈┈

礼义伦理在管子的治国思想中占据重要的地位，在开篇《管子·牧民》中开宗明义，提出了著名的国有"四维"论。其曰："礼义廉耻，国之四维，四维不张，国乃灭亡。"在管子看来，教化比政令能够更好地达到治理效果，因此要依靠"四维"对民众进行教化，教化民众敬畏天地、敬奉祖先，从而形成良好的社会行为规范。"四维"张扬，政令就可以顺利推行，国家就会和平安定；"四维"不张，就会导致"一维绝则倾，二维绝则危，三维绝则覆，四维绝则灭"的严重后果。因此，守国之度，在饰四维。四维就是四条准绳，是治国的四条纲领，也就是齐国当时社会的核心价值观。

核心价值观在任何形态社会的发展中都起着中轴作用，关乎国家前途命运，关乎人民幸福安康。2014 年 5 月 4 日，习近平总书记在北京大学师生座谈会上强调，"每个时代都有每个时代的精神，每个时代都有每个时代的价值观念。国有四维，礼义廉耻，'四维不张，国乃灭亡。'这是中国先人对当时核心价值观的认识。"管子的国有"四维"论，是贯穿整个中国历史发展过程的普遍价值，是中华优秀文化积淀的表征，是培育和践行社会主义核心价值观的重要源泉和宝贵财富，对于实现中华民族伟大复兴的中国梦具有重要理论和实践意义。

（三）鲁之"教民"思想

我国尧、舜、夏、商和西周时期萌芽的重民、教民思想，为儒家学派的德教和重教思想奠定了基础。因周公缘故，鲁国地位特殊，在当时各诸侯国中享尊长地位，较为完整地保持和发展了周文化，周初重农保民、明德慎罚等治国思想，在鲁得以明确体现。鲁始终坚持"尊尊亲亲"的原则，形成了传统深厚的礼乐文化，使得"周礼尽在鲁"，鲁国成为周礼的典型代表。在孔子、孟子处周礼得以进一步发展完善，终为大宗，而民本思想中的教民思想作为现实社会的正面反映，成为我国传统民本思想的主流。

1. 孔子"修身齐家治国平天下"的思想

孔子生活在春秋末年的鲁国，长期受到礼、乐文化的熏陶。面对"礼崩乐坏"的局面，孔子恪守周礼，并以复兴周礼为己任，他吸收并发展了周代以来的"敬天保民"的重民思想，提出了以"仁"和"礼"为中心的儒学思想。重民是教民的前提，教民则是重民的体现。正是基于这种重民思想，孔子进一步提出了教民主张。

（1）"道之以德，齐之以礼"

在孔子看来，做到重民、富民只是国家治理的第一步，而实现社会的长治久安，不仅要解决民众的温饱问题，还要形成良好的社会风气，而良好社会风气的形成需要教化，良好修养的个人也需要教化，对于个人还是社会，教化都非常重要。因此孔子主张要"富而后教"。子适卫，冉有仆。子曰："庶矣哉！"冉有曰："既庶矣，又何加焉？"曰："富之。"曰："既富矣，又何加焉？"曰："教之。"（《论语·子路》）。富裕只是立国的基础，而教化才是立国的根本。

孔子以"仁"为中心，提出了以德治国的主张，把道德教化作为主要的治国手段。"道之以德，齐之以礼"（《论语·为政》），通过教民来巩固政治基础，利用道德的内在约束力来达到社会安定的目的。"为政以德，譬如北辰，居其所而众星共之"（《论语·为政》）。孔子通过教化，将道德和政治紧紧地联系在一起，使道德规范同时成为政治的信条和维持社会稳定的工具。孔子以后的儒家学者，都继承和发扬了孔子的主张。在《礼记·学记》中，更进一步提出："建国君民，教学为先"的主张。

孔子的教民思想，非常重视教民过程中"教"的目的作用，是使民众自觉地形成良好的道德和礼仪，自然就复归

"仁""礼",把对百姓的思想教化放在首位。他说:"道之以政,齐之以刑,民免而无耻。道之以德,齐之以礼,有耻且格。"(《论语·为政》)意思是说,通过实施行政命令和法律,在一定程度上可以使百姓畏惧而不敢犯罪,却难以消除百姓的犯罪动机;只有通过教化,用道德来引导教育,用礼来规范,这样百姓就有廉耻之心从而自觉地约束自己的行为,就会心甘情愿地归服。《礼记·学记》中言,"教也者,长善而救其失者也。"充分说明了孔子"教民"的目的和核心,是让民众的道德和善良不断增长,从而减少过失的发生,或者及时对因过失造成的损失得到止损。因此,孔子也反对"不教而杀",称"不教而杀谓之虐。"(《论语·尧曰》)

(2)有教无类

在教育对象方面,孔子以教化人民为己任,主张对民众普遍实施教化,始终坚持"诲人不倦"的教学态度,开辟了平民教育,提出了"有教无类"的教育方针,百姓不分贫富贵贱,都可以入学接受教育。在西周以前,受教育是贵族的特权,直到西周中后期,随着分封制的日益扩大,越来越多的中小贵族沦落为平民,也逐渐出现了学术下移的景象。在这种背景下,孔子提出"有教无类"的思想,固然是其适应时代潮流的反映,但也体现出了孔子本人"重民"的思想观点,"教民"正是"重民"的重要体现。孔子曾说:"自行束脩以上,吾未尝无诲焉。"(《论语·述而》)事实也如此,孔子的弟子中有许多贫贱之士,如颜回居陋巷,过着一箪食一瓢饮的生活;子路食藜藿,从百里以外负米养母等。孔子"有教无类"的教育方针，否定了以"亲亲"为原则的贵族教育制度，打破了贵族垄断教育的局面，为平民教育的开展作出了贡献。从此之后，许多人聚众讲学，从事学术研究和教育的普及。

在教化内容上，孔子对百姓进行的主要有《诗》《礼》《乐》等方面。子曰："兴于《诗》，立于《礼》，成于《乐》。"（《论语·泰伯》）《诗》可以让民众抒发情感、情思、感慨或怨愤，能够对"社会情绪"起到教化和"疏导"的作用；《礼》可以教育民众懂得尊卑、长幼的等级秩序，对人们进行礼的教化，可以达到维护社会稳定的目的；《乐》不仅指的是娱乐方式，更重要的是陶冶人们情操的艺术形式，具有社会引导和教育的功能。

（3）授之以鱼不如授之以渔

在教育方式上，孔子主张授之以鱼不如授之以渔。子游问于孔子曰："夫子之极言子产之惠也，可得闻乎？"孔子曰："惠在爱民而已矣。"子游曰："爱民谓之德教，何翅施惠哉？"孔子曰："夫子产者，犹众人之母也，能食之，弗能教也。"子游曰："其事可言乎？"孔子曰："子产以所乘之舆济冬涉者，是爱无教也。"[1] 大意是子游问孔子，您称赞子产仁爱宽厚，能说一说什么是仁爱宽厚吗？爱民的品德，何止于宽厚呢？孔子答道，子产的仁爱宽厚，仅在于爱民罢了。子产就好像一群孩子

―――――

[1] 杨朝明、宋立林主编：《孔子家语通解》，齐鲁书社 2013 年版，第 503 页。

的母亲，能够喂养他们，却不能教化他们。子产用他自己所坐的车，去载那些冬天涉水过河的人，仁爱是做到了，但没教给他们"造桥"过河的方法。可见孔子的教民思想，仅有仁爱之心是不够的，仁爱之心只能一时给予民众帮助，但不是长久之计。真正的教民，是教给民众"捕鱼"的方式，即重在教给民众学习和解决问题的能力。孔子"授之以鱼不如授之以渔"的教育方式，无疑是超越了时代的，是一种真正意义上的教民，突破了当时其他诸子百家"狭义"的教民思想。

(4)"学而优则仕"

孔子还提出了"学而优则仕"(《论语·子张》)的教育思想，如果读书好、有德行，不分贫富贵贱，都可以做官。在孔子看来，学习的一个非常重要的目的就是为官，即"学而优则仕"。孔子不仅为其弟子提供了学习的机会，而且鼓励他们为政。仲弓虽然出身贫贱，但孔子认为他可以做官；子路也属平民出身，孔子曾极力向统治者推荐他做官。孔子曾借回答子贡的问题表述这一思想。子贡问："有美玉于斯，韫椟而藏诸？求善贾而沽诸？"子曰："沽之哉！沽之哉！我待贾者也。"(《论语·子罕》)子贡所问的是，读书人要不要出去做官的入世态度，孔子则积极且非常清楚地表明了应积极入世的主张。不仅如此，孔子还进一步提出要做到"学以致用"，子曰："诵诗三百，授之以政，不达；使于四方，不能专对。虽多，亦奚以为？"(《论语·子路》)正是在这种思想之下，孔子为当时社会的发展培养了大批优秀人才，比如为后人所熟知的"七十二贤人"，他们之中不乏诸多出色的入世执政者。

"学而优则仕"，为平民跻身政治舞台提供了可能。在王室衰微、礼崩乐坏的春秋时期，对于打破以姓氏为尊的血统论，对于用人唯才、任官以贤的用人选人原则，无疑具有重大的革命性意义。并且在当时官本位的社会，官吏作为国家的管理者、国家政策的决策者和执行者，他们的结构、素质和水准直接决定着这个国家的治理水平和能力。因此，孔子主张通过教育使人的素质提高，达到贤人的水准，进而入仕为官，在当时这种思想无疑具有非凡的远见卓识，对当时社会的发展具有里程碑式的意义。

孔子主张提高平民的文化素质，这和法家、道家形成了明显的区别。法家代表韩非子认为，只有法律对治理国家有利，提出了"儒以文乱法""文学者非所用，用之则乱法"（《韩非子·五蠹》）的思想，还提出"民智不可用"（《韩非子·显学》），认为民众有了智慧就会变得难以治理。在反对文化、反对民智的基础上，更是提出了"无书简之文，以法为教；无先王之语，以吏为师"（《韩非子·五蠹》）的主张，无疑是一种愚民的思想。道家的老子也反对文化，反对民众受教育，不主张民有智慧。他认为，智慧与邪恶是联系在一起的，"民多智慧，而邪事滋起"；民众难以治理，就是因为民众有智慧，所以主张对他们"愚之"，"古之善为道者，非以明民，将以愚之。"（《老子·第六十五章》），可见这也是一种愚民的思想。与法家、道家的愚民思想相比，孔子的教育思想要进步得多。孔子的教育思想，顺应了社会发展的需要，对推动人类社会的发展产生了深远影响。

2.孟子尚贤与重"善教"的思想

孟子继承了孔子"富而后教"的主张，"人之有道也，饱食暖衣、逸居而无教，则近于禽兽。圣人有忧之，使契为司徒，教以人伦。"（《孟子·滕文公上》）孟子认为"富"是前提，同归于"礼义"是目的。百姓在有了"恒产"以后，在"饱食、暖衣、逸居"后，接下来就要对百姓进行道德教化，"不教民而用之，谓之殃民。殃民者，不容于尧舜之世。"（《孟子·告子下》）不教化百姓而役使他们，就是坑害百姓。坑害百姓的人，在尧舜时代也是不能被宽恕的。孟子继承发展了孔子的教育思想，形成了尊贤重教的教民体系，将先秦的民本思想发展到了一个新的高度。

（1）善教得民

孟子认为，"仁言，不如仁声之入人深也。善政，不如善教之得民也。善政民畏之，善教民爱之；善政得民财，善教得民心。"（《孟子·尽心上》）教育是争取民心的重要手段，好的政令不如好的教化能获得民心。好的政令可以使百姓敬畏，虽然能让人民获得财富，而使百姓真心拥护则需要良好的教化。真正的君主只有把善政和善教结合起来，才能做到既富国强国又得民心。由于孟子在一定程度上认识到了人民群众的力量，因此他力图说服统治者通过教育争取民心，实现他所主张的仁政。这和他"得民心者得天下"的贵民思想是一致的。①

（2）尊贤尚能

孟子吸收了孔子"仁"的思想，把民作为政治的根本点和出发点，提出了"民贵君轻"的理论和"仁政"学说，孟子认为，先有"仁人"而后才有"仁政"，而"仁政"归根结

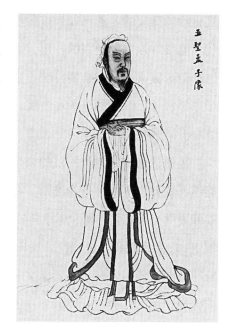

孟子画像

底就是一种贤人政治，"为天下得人者谓之仁"（《孟子·滕文公上》），所以他大力提倡选贤任能，希望统治者能够"贵德而尊士，贤者在位，能者在职"（《孟子·公孙丑上》），这样才能广泛地招揽到人才。孟子还提出在必要的时候，对贤才破格使用，"舜发于畎亩之中，傅说举于版筑之间，胶鬲举于鱼盐之中，管夷吾举于士，孙叔敖举于海，百里奚举于市。"（《孟子·告子下》）孟子认为，这些人大都来自下层民众，但却都

---

① 周军伟：《先秦秦汉的教民思想与实践述论》，《山东师范大学学报（人文社会科学版）》2005年第5期。

具有治国理政的才能，如果按照等级制度，就埋没了人才，也就不能很好地发挥他们的作用。孟子主张打破等级观念，从下层社会选拔人才，就是要打破"亲亲"原则，这显然也是对孔子"举贤才"制度的继承和发展。

（3）"明人伦"

孟子认为兴办教育的目的，是为了让民众"明人伦"之后，能够形成并遵守各种行为准则。在具体的举措上要向普通老百姓开设并普及，要"设为庠序学校以教之。庠者，养也；校者，教也；序者，射也。夏曰校，殷曰序，周曰庠；学则三代共之，皆所以明人伦也。"（《孟子·滕文公上》）地方学校夏代叫"校"，商代叫"序"，周代叫"庠"。在孟子的教民思想中，要认真办好各级学校，教学内容是"教以人伦""教人以善""教之孝悌"，让民众能正确处理各种基本人际关系的"人伦"教育和遵从仁义礼智信等行为规范、行为准则的道德教育，庠序之教的目的，是达到"所以明人伦也""人伦明于上，小民亲于下。有王者起，必来取法"，最终达到"人人亲其亲，长其长，而天下平"（《孟子·离娄上》），就会有利于维持上下协调的社会秩序。

孟子认为，如果"上无礼，下无学，贼民兴"，上位者不遵从礼义，居下位者没有道德教化，各种残害百姓的事情就会发生，最终会导致国家的危亡。因此，孟子一方面要求统治者要兴办学校对民众进行教育；另一方面，他自己也努力办私学，实施对民众的教育，在他的弟子中不乏平民出身的人。

尽管孟子提出"明人伦"的思想，是为了让百姓懂得庠序之教、孝悌之义，"父子有亲，君臣有义，夫妇有别，长幼有序，朋友有信"，明白"人之有道也，饱食暖衣，逸居而无教，则近于禽兽。人之所以异于禽兽者几希，庶民去之，君子存之"（《孟子·滕文公上》）的道理，从而做到"父子有亲，君臣有义，夫妇有别，长幼有序，朋友有信"（《孟子·滕文公上》），逐步建立礼义廉耻的秩序，完善自己的人格。其实质则是希望民众按照统治者的伦常行事，而教化则是通过"明人伦"来为政治服务。[①] 王道与仁政加上"谨庠序之教"和"申孝悌之义"，就能够从根本上实现国家长治久安。

春秋战国时期是中国思想史上最为活跃的时期，产生了诸子百家且活跃兴盛。在诸多的学术派别中，鲁国的儒家学派是其中最大的学派，孔子所创立的儒家思想，不仅在当时成为"显学"，更成为此后两千多年中国传统的价值观。孔孟的"教民"思想，是其民本思想的主要内容，尤其是"有教无类""尊贤重教"的教育思想，标志着中华民族的教育思想和教育史都发展到了一个新的高度，极大地丰富和推进了中国古代民本思想政治的发展，在当时具有一定的先进性和进步性，但究其根本儒家民本思想的本质还是为了维护王权政治、为统治者服务。

---

① 王博:《中国儒学史·先秦卷》，北京大学出版社 2011 年版，第 346—354 页。

（四）荀子对齐鲁"教民"思想的继承与发展

作为先秦儒家的集大成者，荀子在稷下"三为祭酒"，继承批判吸收各家之学，形成了自己的思想体系。荀子的民本思想，既继承了儒家文化的精髓，又渗透着齐文化的思想，集齐鲁民本思想之大成，其中包含的教民思想，亦是继承齐鲁教民思想之精华并不断深化发展。

1."不富无以养民情，不教无以理民性"

荀子把富民、教民看成实现王道政治的两个基本手段，称"不富无以养民情，不教无以理民性。故家五亩宅，百亩田，务其业而勿夺其时，所以富之也。立太学，设庠序，修六礼，明七教，所以道之也。"（《荀子·大略》）。这里提到的"富之""道之"，也就是《论语》所说的"富之""教之"，二者共同构成荀子民本思想的重要内容。

荀子继承了齐鲁民本思想中"先富后教"的思想，承认了人的欲望的正当性，也看到了"富而后教"的重要性，"先王恶其乱也，故制礼义以分之，以养人之欲，给人之求。使欲必不穷于物，物必不屈于欲，两者相持而长，是礼之所起也。"（《荀子·礼论》）大意是人生而有欲，欲望得不到满足，就会引起争斗，最后无法收拾。所以先王制定礼义，以满足人们的欲望和要求，礼义就是为了使欲望和外物得以平衡才出现的。

这和管子所主张的"富而知之"的意思是相近的，就是要满足人们的物质欲望和需求。

荀子曾在《大略》中引用《诗经》来说明教民的重要性，"饮之食之，教之诲之，王事具矣"（《荀子·大略》）。特别强调国君要为民表率，加强修身，在上位的人如果畅达明智，治理在下的人就比较容易；在上位的人如果端正诚实，在下的人则谨慎正直。只有这样，才能君唱民应、上行下效，形成良好的社会风气，从而治理好国家。可贵的是，荀子还提出对当时的一众管理者要教化民众的要求，并阐述了重要性。荀子认为，臣子一般可分为态臣、篡臣、功臣、圣臣几种。如果对内不能"驭使"百姓，对外不能抵抗外患，却专会说巧话，进谗言，善于讨好君上的欢心，百姓就不会相信他，各地诸侯也不

荀子雕像

信任他，这是奸诈无能的态臣；如果对上不忠于君，对下欺凌百姓，结党营私，整天谋取个人私利，这是篡夺君位的篡臣；如果对内有能力调动百姓，对外有能力抗拒外患，对上忠于君王，对下热爱百姓，百姓就敬重他，这是能为国立功的功臣；如果对上忠君，对下爱民，以身垂范，百姓以其作为榜样，推行政令，实施教化，能应付突发事变，权宜处置，遵循事物的规律来应对，使其各得其所，这是无所不能的圣臣。所以荀子倡导大臣都要做圣臣。荀子的上述思想，不仅对先秦民本思想的形成发展作出了重要贡献，而且对后世的思想家、政治家也产生了重要影响。

2."化性起伪"

孔子甚少提"性"，却提出了"性相近也，习相远也"（《论语·阳货》）的思想。"性相近"，一般意义上是指人的天然习性；"习相远"，则是指人后天的社会性。就孔子的教化目标而言，一是认为教化是人的生存的本质需要；二是将教化指向人的社会性，通过教化使人的伦理性得以完善。孟子在孔子的基础上进一步将德性发挥，形成了"性善论"，认为每个人天生有其固有的善端，"圣人与我同类""人无有不善，水无有不下"（《孟子·告子上》），必然能实现善行；而恶的品性与行为，是因为后天环境的习染以及物诱造成的，教育的目的就是存善去恶，即克服欲望与环境的影响，保持并使天生之善得以弘扬。

荀子借鉴了稷下诸子的人性论思想，与孔孟思想产生了较大分歧。荀子提出性恶论预设，认为人本身是社会的存在物，社会性是其根本属性，存在于自然性的本能之间，人的从欲、纵欲的行为，会导致对社会的破坏。因此，要用教化对其限制、规定，即"化性起伪"，以生成、养成其合于社会性生存的品性或德性。当然，礼的作用不仅限于此，荀子"隆礼义"，是将礼从仪式性的政治活动，扩展为社会生活的普遍规范。不难看出，荀子认为的人性本恶中，其中有可以知善之质，有可以能善之具。礼不仅是约束人的，还是感化人、启发人、成就人的关键所在。遵循礼义，化性起伪，那么每个人都能成为尧舜一样的圣人，即"圣可积而致，途之人可以为禹。"（《荀子·性恶》）荀子从人性的内在机制和后天的人为这两个方面论述了人性改造的深层原因，其以性恶论为理论预设，充分注意到了教化活动对于人之先天本能的否定和造就善的意义。

从表征上看，荀子与孟子的人性论是对立的，但分析其实质，无疑他们都承认人性向善，其他都可以通过道德教化得以完善。所不同的是，孔孟认为人性向善是人主体自发的行为，而荀子认为人性向善不是靠人的自觉性，必须依靠外部教化的力量。因此要重视教化的作用，重视"礼"，经过后天的学习，做到"化性起伪"，便可以达到殊途同归。由此可见，荀子继承了孔子"礼"的思想，但是"孔子将礼内化于仁，而荀子将礼外化而为法"①；孔子与荀子都认为，"礼"是约束人的道德规范，但是与孔子把礼归结为先天的道德观念不同，荀子的"礼"，主要是调节"物"和"欲"之间的矛盾，这显然是吸收了稷下学派的思想，而成为荀子民本思想的重要基础。

综上所述，齐鲁文化中的"教民"思想，都主张先富后教。齐鲁两国都受到周礼的影响，尽管春秋时期出现礼崩乐坏的局面，齐国依旧重视礼乐的作用。所以，《管子》开篇就曾提到"礼、义、廉、耻"为国家的"四维"，而这也正是西周礼乐文化的精髓。齐国在治民过程中非常重视对民众的教化，主张将礼义教化与法治相结合，但在礼、法之间更偏向于法，到了"礼崩乐坏"之际，更是脱离周礼而独自发扬光大，最终在战国时期形成了著名的齐法家学派。

相较于齐国的功利性，鲁国的民本思想则以礼乐之治为目标，具有道德理想主义的特征。鲁国的民本思想主张为政者必须先以道德感化人民，要"道之以德，齐之以礼"（《论语·为政》），而富民的目的也是教化民众，只有道德感化无效时，才能齐之以刑罚，是典型的德治。所以孔子提出了"仁"的思想。这个"仁"是一种仁爱之心，讲究以德治国，重视对人民道德素质的培养，主张实行仁政，提倡"为政以德"，要求统治者要具备"仁"的品质，以自身为道德榜样和标准来引导民众，

---

① 徐复观：《中国人性论史·先秦篇》，华东师范大学出版社 2005 年版，第 230 页。

从而培养百姓的道德意识，提高全体人民的道德水平，进而实现王道理想，最终实现"内圣外王"的目的。①

　　齐鲁文化中教化民众的实质，是为了培养具有高尚道德情操的人，具有仁爱之心的人，能够"泛爱众"，"博施于民而能济众"，即对大众博爱、能为民众谋福利，同时利用道德的内在约束力来达到稳定社会的目的。正如马一浮认为，"德是政之本、政是德之迹。"②道德并非政治的前提或手段，而是政治的根本，政治的目的在于实现或成就人的道德性。通过教化将道德与政治紧密有机地联系在一起，使道德规范同时又成为政治信条，成为维系社会稳定的工具。

---

① 陈来：《论道德的政治——儒家政治哲学的特质》，《中国哲学研究》2010 年第 1 期。

② 滕复编：《默然不说声如雷——马一浮新儒学论著辑要》，中国广播电视出版社 1995 年版，第 266 页。

五、踵事增华:"一切为了人民"的
价值取向

　　在中华民族发展的悠悠历史长河之中，传统民本思想一直占据着重要的位置，其思想的积极性在某种程度上为中华民族社会的政治、经济、文化等文明的创造，奉献了生生不息、取之不尽的源泉和动力。深受中华优秀传统文化陶冶的中国共产党人，坚持以马克思主义基本原理为指导，践行马克思主义"人民性"的根本属性，辩证吸收和继承了中国传统民本思想中"以民为本"的价值理念，创造性地提出了"一切为了人民，一切依靠人民"的根本观点和价值取向，提出了"人民当家作主"的执政理念，始终坚持"人民至上"的价值立场，完成了对传统民本思想的传承、发展、创新和超越。

（一）"以民为本"与"一切为了人民"

1. "以民为本"的精神内核

　　传统民本思想之所以能够成为中华民族几千年来重要的治国思想，就在于它充分肯定了占社会多数的"民"在政治生活中的根本地位和决定作用，强调统治者的治理实践要以满足民众的基本需要为目的，在政治上重民安民、经济上惠民富民、文化上教民化民。在中国几千年发展的历史过程中，传统民本思想为封建统治者在治国安邦、强国富民等方面提供了治国之策，彰显了其强大的积极性，并发挥了重要的作用。但同时，其自身也具有明显的难以克服的局限性。

　　在阶级剥削和压迫的社会里，剥削阶级和被剥削阶级的利益是根本对立的，因此这个"本"，实为统治阶级为了维护其自身利益的统治手段和"驭民"之策，而不是以爱民、利民、富民、教民为最终目的。毛泽东同志曾讲过，"他们讲'爱民'是为了剥削，为了从老百姓身上榨取东西，这同喂牛差不多。喂牛做什么？牛除耕田之外，还有一种用场，就是能挤奶。剥削阶级的'爱民'同爱牛差不多。"[①]《论语》中有言："百姓足，君孰与不足？百姓不足，君孰与足？"中国古代的民本，实质上是一种君主民本的封建思想体系，也就是民本始终是以君

　　[①] 《毛泽东文集》第三卷，人民出版社1996年版，第58页。

主做主为前提，是依靠圣君贤相为民做主，而不是百姓自己做主。

在中国几千年的发展历程中，传统民本思想随着历史的发展、社会的变革和统治者的需要，在朝代的更迭中曲折发展、不断被补充完善，成为中国政治文化中极其重要的思想资源，也成为中华民族传统文化的核心内容之一。从《尚书》中的"民惟邦本"之训，到商周时期的"敬德保民""重民轻天"，发展到先秦时期孔子的"仁政""爱民"、孟子的"民贵君轻"、荀子的"君舟民水"的思想，形成了相对较为完备的民本思想的主体内涵和思想体系；后又融合汉唐时期贾谊的"民为政本"、李世民的"国依于民"、柳宗元的"吏为民役"，一直到明清时期张居正的"知人安民"、康熙的"以足民为首务"、乾隆的"以养民为本"……在中华民族发展的历史长河之中，传统民本思想一直占据着重要位置，其思想的积极性在某种程度上为中华民族社会的政治、经济、文化的发展，提供了思想源泉和理论基础。

2."一切为了人民"的传承超越

近代的中国，逐步成为半殖民地半封建社会，帝国主义和封建主义是压在中国人民头上的两座大山，帝国主义和中华民族的矛盾、封建主义和人民大众的矛盾，构成近代中国社会的主要矛盾。求得民族独立和人民解放，实现国家繁荣富强和人民共同富裕，也就成为近代以来中华民族的两大历史任务。而在这两大任务中，前者是后者的必要前提，只有先完成前一个任务，然后才能解决后一个任务。十月革命一声炮响，给中国送来了马克思列宁主义，马克思主义博大精深，归根到底就是一句话，为人类求解放。中国共产党是无产阶级的政党，是无产阶级的先锋队。深受马克思主义理论影响和中华优秀传统文化陶冶的中国共产党人，深刻把握世情、国情、民情，立足于中华民族的具体实践，自觉肩负起了实现民族独立和人民解放的历史重任。

对于一个政党来说，为什么人的问题，是检验一个政党、一个政权性质的试金石。① 为谁立命、为谁执政、为谁用权、为谁谋利是根本性方向性问题。中国共产党自诞生之日起，就始终把为中国人民谋幸福、为中华民族谋复兴作为自己的初心使命，将其融入全部的奋斗实践，习近平总书记在党的二十大报告中指出："为民造福是立党为公、执政为民的本质要求。"② 这一论断集中体现了马克思主义政党的人民性和权力观，科学回答了我是谁、为了谁、依靠谁这个根本问题，是中国共产党性质宗旨和初心使命的时代表达。

马克思主义的理想追求是"为人类求解放"，中国共产党是"为中国人民谋幸福"；马克思主义的本质属性是"人民性"，中国传统民本思想强调"民惟邦本"；马克思主义强调"实现

———————

① 习近平：《论把握新发展阶段、贯彻新发展理念、构建新发展格局》，中央文献出版社 2021 年版，第 199 页。

② 《习近平著作选读》第一卷，人民出版社 2023 年版，第 38 页。

每个人自由而全面的发展"，中华传统文化强调"大同理想""小康社会"……马克思主义理想追求与中华传统文化的内核彼此契合，相互成就。中国共产党人始终坚持以马克思主义基本原理为指导，辩证吸收和继承了中国传统民本思想中"以民为本"的价值理念，将中国传统民本思想与马克思主义的宗旨融合起来，提出了"一切为了人民，一切依靠人民"的根本观点，确立了"全心全意为人民服务"的根本宗旨，形成了"一切为了群众、一切依靠群众，从群众中来、到群众中去"的群众路线，提出了"人民当家作主"的执政方针，树立了坚持"以人民为中心"的发展思想，始终坚持"人民至上"的根本价值立场，立党为公、执政为民，创造性地完成了对传统民本思想的传承、发展、创新和超越。

（二）"人民群众创造历史"的唯物史观

在庆祝中国共产党成立 100 周年大会上，习近平总书记指出，"中国共产党根基在人民、血脉在人民、力量在人民"，"新的征程上，我们必须紧紧依靠人民创造历史。"[①] 中国共产党人坚持用马克思主义理论为指导，在深刻总结人类社会发展规律、近代中华民族历史和实践经验的基础上，深刻认识到人民群众之伟力，人民群众创造历史，人民群众是推动社会变革的

---

① 《习近平谈治国理政》第四卷，外文出版社 2022 年版，第 9 页。

根本力量，人民群众创造着物质财富和精神财富，用马克思主义的真理之光激活了传统民本思想的精髓，将传统民本思想上升到了马克思主义唯物史观的高度，使其得以传承弘扬和发展超越，并形成了新的理论来指导实践。

1. 人民群众是推动社会变革的根本动力

在人类社会历史创造者问题上一直有两种对立的观点，一种是英雄史观，即唯心史观，认为历史是由英雄创造的；一种是群众史观，即唯物史观，认为历史是由人民群众创造的。马克思主义唯物史观，强调人民群众是实践的主体，人民群众创造历史。生产力是人类社会发展的根本动力，生产力与生产关系的矛盾运动推动着人类社会不断向前发展，人民群众是生产力变革的最活跃的因素，任何社会变革都离不开人民群众的积极参与，离不开人民群众积极性、主动性的发挥。马克思、恩格斯指出，"历史活动是群众的活动，随着历史活动的深入，必将是群众队伍的扩大。"①尽管英雄人物在历史发展与变革中也起到重要作用，但社会变革最终取决于广大人民群众的意志、愿望和利益诉求。从历史唯物主义来看，唯有人民群众才是历史的真正创造者，才是推动社会变革和社会发展的根本动力。

历史是最好的教科书。近代中华民族危急存亡之际，无数

---

① 《马克思恩格斯文集》第 1 卷，人民出版社 2009 年版，第 287 页。

仁人志士试图救亡图存，中国到底该走一条什么样的道路？如何走？从太平天国运动、戊戌变法、义和团运动，直到辛亥革命等，最终都以失败而告终。究其原因，我们不难发现，不管是封建统治阶级的士大夫，还是少数知识分子的精英阶层，都是把老百姓作为改造的对象，而没有真正把人民群众当成国家的主人，没有认识到人民群众在历史发展中的主体地位。以毛泽东同志为主要代表的中国共产党人，深刻地认识到人民群众在创造历史、推动历史前进中的作用，辩证地继承了传统民本思想"民贵君轻""民无不为本"和"尊生养民"的思想品质，从唯物史观的高度提出了人民主体论。

毛泽东同志深刻地认识到，人民的力量是无穷的，民众不是改造的对象而是动力的来源，"人民，只有人民，才是创造世界历史的真正动力"①，只有动员群众、组织民众、依靠群众、发动民众，武装民众，才能最终赢得战争的胜利。"战争的伟力之最深厚的根源，存在于民众之中"②；"必须记住这个战争是在中国打的，日军将完全地被敌对的中国人所包围"③；"兵民是胜利之本，动员了全国的老百姓，就造成了陷敌于灭顶之灾的汪洋大海，造成了弥补武器等缺陷的补救条件，造成了克服一切战争困难的前提。"④中国能够实现民族独立和解

---

① 《毛泽东选集》第三卷，人民出版社1991年版，第1031页。
② 《毛泽东选集》第二卷，人民出版社1991年版，第511页。
③ 《毛泽东选集》第二卷，人民出版社1991年版，第445页。
④ 《毛泽东选集》第二卷，人民出版社1991年版，第480—481页。

放，无论是抗日战争，还是解放战争，都是依靠人民取得的最终胜利。毛泽东同志后来总结道，"革命战争是群众的战争，只有动员群众才能进行战争，只有依靠群众才能进行战争。"① 历史和实践充分证明，人民群众是真正的英雄，动员人民群众为了自身的翻身解放、为了民族的解放事业而奋斗，是革命取得胜利的根本前提。

社会主义进入新时代，我国经济社会发展面临前所未有的机遇和挑战，面对国内外发展的新形势以及党和国家事业发展面临的一系列重大时代课题，以习近平同志为核心的党中央进行了深邃思考和战略判断，提出了一系列新理念、新思想、新战略，创立了习近平新时代中国特色社会主义思想。习近平新时代中国特色社会主义思想充分肯定人民群众的历史主体地位，"人民是历史的创造者，是决定党和国家前途命运的根本力量"②；充分肯定人民群众的创造主体地位，人民群众创造着物质文明、精神文明、制度文明和生态文明。习近平总书记还明确要求，要"尊重人民主体地位，聚焦人民实践创造。"③ 新时代党的创新理论更加需要紧紧依靠人民破解发展难题、增强发展动力、厚植发展优势、创造历史伟业。

---

① 《毛泽东选集》第一卷，人民出版社 1991 年版，第 136 页。

② 《习近平谈治国理政》第三卷，外文出版社 2020 年版，第 16 页。

③ 中共中央党史和文献研究院编：《习近平关于社会主义精神文明建设论述摘编》，中央文献出版社 2022 年版，第 249 页。

2. 人民群众创造着物质财富和精神财富

马克思主义唯物史观认为，人民群众的实践活动不仅创造了对象化的物质世界，也创造了丰富的精神世界。首先，人民群众是物质财富的创造者。物质资料生产是一切历史的前提，没有一定的物质资料生产，就不可能有人类历史。人类生存和发展所需要的物质资料正是由广大人民群众生产的。作为物质资料生产活动的主体，人民群众在实践中不断积累生产经验，创新创造生产技术，推动生产力的发展和社会物质财富的增长。其次，人民群众也是精神财富的创造者。社会存在决定社会意识，社会意识是社会存在的反映，人民群众的生产实践为精神财富的创造提供了物质基础，一切精神财富都根植于人民群众的实践活动。

2023年6月30日，习近平总书记在主持中共中央政治局第六次集体学习时强调，"要注重从人民群众的创造中汲取理论创新智慧。"① 一个社会要繁荣发展，要充满生机与活力，就必须不断进行理论创新。党的理论是来自人民、为了人民、造福人民的理论，人民的创造性实践是理论创新的不竭源泉。毛泽东同志曾指出，"在我党的一切实际工作中，凡属正确的领导，必须是从群众中来，到群众中去。这就是说，将群众

---

① 《不断深化对党的理论创新的规律性认识 在新时代新征程上取得更为丰硕的理论创新成果》，《人民日报》2023年7月2日。

的意见（分散的无系统的意见）集中起来（经过研究，化为集中的系统的意见），又到群众中去作宣传解释，化为群众的意见，使群众坚持下去，见之于行动，并在群众行动中考验这些意见是否正确。然后再从群众中集中起来，再到群众中坚持下去。如此无限循环，一次比一次地更正确、更生动、更丰富。这就是马克思主义的认识论。"① 形象地说明了正是人民群众在伟大的社会实践中，不断创造着物质财富和精神财富。

（三）"主权在民"的指导思想

马克思主义的群众观，强调了人民群众在社会历史发展过程中的地位和作用，人民群众创造历史，因此，人民也应该拥有相应的政治权利。中国共产党人坚持运用马克思主义理论指导客观实际，坚持运用马克思主义群众观进行观察、分析和解决中国的现实问题，辩证地继承了中国传统民本思想中"重民""富民""教民"的思想精髓，坚持人民群众的历史主体地位，坚持人民当家作主，提出了人民民主专政的理论，提出了"江山就是人民，人民就是江山"的执政思想，始终将人民的利益摆在第一位，始终坚持为中国人民谋幸福、为中华民族谋复兴的初心和使命。

---

① 《毛泽东选集》第三卷，人民出版社 1991 年版，第 899 页。

1. 人民当家作主

人民性是国家政治进步的根本标志。纵观人类历史的国家形态，不论是奴隶制、封建制，还是资本主义制度，尽管在职能上也具有维护社会公共秩序的功能，但它本质上都属于奴隶主、封建主（或地主阶级）、资产阶级，而不属于人民，国家是在经济上占统治地位的统治阶级的政治工具。中华人民共和国成立，规定了人民民主专政是我国的国体，"人民是什么？在中国，在现阶段，是工人阶级，农民阶级，城市小资产阶级和民族资产阶级。这些阶级在工人阶级和共产党的领导之下，团结起来，组成自己的国家，选举自己的政府……对于人民内部，则实行民主制度，人民有言论集会结社等项的自由权。选举权，只给人民，不给反动派。"[①] 人民民主专政，不仅指出了人民群众是历史的主体，而且是国家政权的主体，新中国是一个人民当家作主的崭新的国家。人民民主专政政权的确立，使"主权在民"在中国得以历史性地实现。

新中国成立之初，以毛泽东同志为主要代表的中国共产党人对社会主义民主政治建设进行了可贵的探索。党中央深刻地认识到，各项法律和制度的保障是人民享有民主的前提，必须保障人民参政议政权的广泛性，让人民管理国家事务。人民参

---

① 《毛泽东选集》第四卷，人民出版社 1991 年版，第 1475 页。

政议政的权利在选举权和被选举权、民族区域自治、政治协商等方面的制度保障机制中得以实现。另外，党中央深入贯彻践行跳出历代王朝"其兴也浡焉"，"其亡也忽焉"①的历史周期率，提出了加强民主监督，制定了党内监督、民主党派监督、社会舆论监督、群众来信来访监督等一系列政策措施，真正将"窑洞对"的思考，"让人民来监督政府"②落到了实处。

由上可以看出，传统的齐鲁民本思想，虽然强调民众是国家政权存在和稳固的决定力量，提倡"以民为本""民贵君轻"等思想，但其实质只是充当协调君民关系的缓冲剂，本质是为统治阶级服务，而不是为了民众的根本利益。在当时"重民—尊君"二维结构范式的框架内产生的中国古代的民本思想，由于王权的绝对化与程序制约体制的空缺，基本是一种道义约束的政治调节理论，民本思想较少作为政治制度存在。而中国共产党人完成了对传统民本思想的传承和超越，规定和保障了人民群众的主人翁地位和当家作主的权利。我国宪法和各项法律，人民代表大会制度、政治协商制度以及群众路线、民主集中制等都体现了人民民主专政这一基本国体的性质。"人民当家作主"的制度化建设和保障，是党的指导思想对传统民本思想缺乏物质载体的实践性超越。

---

① 中共中央文献研究室编：《毛泽东年谱（1893—1949）》（修订本）中卷，中央文献出版社 2013 年版，第 610 页。

② 中共中央文献研究室编：《十四大以来重要文献选编》中，人民出版社 1997 年版，第 1321 页。

2."江山就是人民，人民就是江山"

在党的二十大报告中，习近平总书记深刻指出，"江山就是人民，人民就是江山。"① 习近平总书记的重要论述，形象生动地揭示和描述了我国社会主义国家性质的人民性及其彻底的民主性，即国家的性质是什么，国家是属于谁的，谁才是国家的主人，人民群众在国家中的地位和作用如何。"江山就是人民，人民就是江山"，揭示了我国社会主义国家的组建方式、组织形式的人民性、民主性；揭示了社会主义制度下人民与国家之间"一体两面"的辩证关系；蕴含着国家运行机制必然采取民主集中制的内在规定；揭示了党和政府以人民为中心的价值理念、推进人民民主的逻辑必然性和社会现实基础；为评析和判断国家体制的性质、判断国家政治学说及其实践是否合乎马克思主义理论，是否正确、是否科学、是否先进提供了科学的依据和判断标准。从而深刻彰显了我国社会主义国家及其主权属于全体中国人民，不属于任何有产阶级，更不属于任何个人，也在根本上划清了中华人民共和国与历史上一切传统国家形态之间的界限。

"江山就是人民，人民就是江山"，从哲学本体论的层面，揭示了我国社会主义国家与人民之间的同一性、一体性。"江山就是人民"，指明了国家是属于人民的，国家是人民社会性

① 《习近平谈治国理政》第四卷，外文出版社 2022 年版，第 63 页。

集合的存在形式;"人民就是江山"指明了人民是国家的内容、内在要素,国家因人民的社会性集合而生。就其形式来说,人民的社会性存在以国家集合的方式呈现出来;就其内容来说,国家以人民为自己的内在内容,以人民的事务为自己的具体事务,而不限于统治阶级的统治事务或资产阶级政治学所说的"契约"事务;就其实践来说,国家的运行机制必然要采取民主集中制的运行形式,以民主的方式集合人民的意志为国家的共同意志,进而转化为国家的路线、方针、政策和一系列制度安排,并指导人民在国家的一系列制度安排下依照共同的路线、方针、政策而行动,才能充分发挥人民群众主人翁地位的积极性、主动性、创造性。

"江山就是人民,人民就是江山",更加充分体现了"以人民为中心"是共产党人的道德自觉,也是中国共产党区别于其他利益政党的根本特征,更是国家与人民相互关系的客观要求。在社会主义国家体制下,党确立"以人民为中心"的价值指向,构建一系列"以人民为中心"的制度安排,开展"以人民为中心"的全部活动,既是党和政府的道德自律,也是社会主义国家的本质特性及与人民相互关系的客观要求。党的十八大以来,以习近平同志为核心的党中央,提出了要贯彻落实"全过程人民民主","全过程人民民主"就是"江山就是人民,人民就是江山"的现实面相,它向党和国家的一切组织机构提出了实践要求,必须鼓励和支持人民行使民主权利,确认和保护人民民主权利,任何偏离以人民为中心的思想观念和实际行为，都是与党的主观愿望相背离的，也是与社会主义国家本质特性及与人民相互关系的客观规律相背离的。因此，社会主义国家体制之所以是人类社会自有文明以来最先进、最科学的国家体制，就在于它在内容上形式上实现了国家与人民的高度统一，让人民群众的主体地位充分体现和彰显。

（四）"密切联系群众"的最大政治优势

中国共产党始终坚持走群众路线，密切联系群众。习近平总书记在党史学习教育动员大会上的重要讲话中指出，"人心向背关系党的生死存亡。赢得人民信任，得到人民支持，党就能够克服任何困难，就能够无往而不胜。"① 这一重要论述深刻揭示了人民群众是我们党的力量之源、胜利之本和执政之基。回顾百年党史，始终密切联系群众，与人民风雨同舟、生死与共，始终保持血肉联系，是党的最大政治优势，是党战胜一切困难和险阻的根本保证。

1. 群众路线是党的生命线和根本工作路线

群众路线是党的生命线和根本工作路线，中国共产党的执政理念从本质上来说，就是为人民执政、依靠人民执政。党的七大报告确立了党的群众路线，并阐明了它的深刻内涵："一

---

① 《习近平谈治国理政》第四卷，外文出版社 2022 年版，第 512 页。

切为了群众，一切依靠群众，从群众中来，到群众中去。"① 在群众路线形成发展的过程中，中国共产党人坚持马克思主义唯物史观，重视民意民心，扎根于人民，从群众中汲取力量，并充分吸收和继承了传统民本思想中的有益成分，赋予群众路线以深刻的思想内涵，深刻揭示了群众路线是党的工作路线和根本生命线、党与人民群众密切血肉联系的逻辑必然。

"一切为了群众"的内在要求，既反映了党的根本宗旨和立足点，又与传统"重民""贵民""爱民""利民"的民本思想一脉相承、互相印证；"一切依靠群众"，反映了党与人民群众的血肉联系，相信群众，虚心向人民群众学习，了解群众的意见和要求，集中群众的智慧和经验，并让党的路线、方针、政策化为群众的实践活动，在群众的实践中得到检验、丰富和发展，成为中国共产党不断凝聚民心、整合民力的强大动力；"从群众中来，到群众中去"，反映了党的根本领导方法和工作方法。党的群众路线，以人民群众作为根本着眼点和落脚点，着重强调"党的根基在人民、血脉在人民、力量在人民"②，充分体现了中国共产党人始终坚持马克思主义唯物史观，充分肯定人民之伟力、人民群众的历史主体地位；也充分彰显了中国共产党人对传统民本思想精髓理念的扬弃、吸收、继承和发展。

---

① 中共中央文献研究室编：《改革开放三十年重要文献选编》下，中央文献出版社 2008 年版，第 1139 页。

② 《习近平谈治国理政》第一卷，外文出版社 2018 年版，第 367 页。

2."群众路线"是党的重要传家宝

中国特色社会主义进入新时代，中华民族在中国共产党的领导下，以崭新的姿态踏上了新征程。习近平总书记强调："群众路线是我们党的生命线和根本工作路线，是我们党永葆青春活力和战斗力的重要传家宝。"① 以习近平同志为核心的党中央一以贯之地将人民的利益放在首位。习近平总书记反复强调，"践行宗旨，就是对人民饱含深情，心中装着人民，工作为了人民，想群众之所想，急群众之所急，解群众之所难，密切联系群众，坚定依靠群众，一心一意为百姓造福，以为民造福的实际行动诠释了共产党人'我将无我、不负人民'的崇高情怀。"② 这无疑是对"坚持人民至上"的根本宗旨作了进一步的深刻阐释，"忘记了人民，脱离了人民群众，党就会成为无源之水、无本之木，就会一事无成。"③

党的十八大以来，以习近平同志为核心的党中央始终坚持以人民为中心的发展思想，把人民对美好生活的向往作为奋斗目标，始终坚持人民利益高于一切，从人民群众最关心、最直接、最现实的利益问题入手，解民忧、舒民怨、暖民心，人民群众获得感、幸福感、安全感显著增强，充分彰显了中国共

---

① 《习近平谈治国理政》第一卷，外文出版社 2018 年版，第 27 页。
② 习近平：《在"七一勋章"颁授仪式上的讲话》，人民出版社 2021 年版，第 2—3 页。
③ 《习近平谈治国理政》第二卷，外文出版社 2017 年版，第 53 页。

产党人不忘初心、牢记使命的责任担当。2021年6月26日，习近平总书记在主持十九届中央政治局第三十一次集体学习时指出："对我们这样一个长期执政的党而言，没有比忘记初心使命、脱离群众更大的危险。只要我们始终同人民生死相依、休戚与共，人民就会铁心跟党走，党就能长盛不衰。全党同志要从党的百年奋斗史中不断体悟初心使命，贯彻好以人民为中心的发展思想，矢志不渝为实现中华民族伟大复兴而奋斗。"①

在党的七十多年的执政经验中，中国共产党能够经受住执政、改革开放、市场经济、外部环境等的种种考验，就在于始终坚持人民利益高于一切，把人民拥护不拥护、赞成不赞成、高兴不高兴、答应不答应作为衡量一切工作得失的根本标准。正是因为把人民放在心中最高位置，我们党才始终赢得人民群众的衷心拥护、充分信赖和坚定支持，不断夺取社会主义革命和建设、改革开放和社会主义现代化建设、中国特色社会主义新时代的新胜利。在全面建设社会主义现代化国家的新征程上，只有始终同人民群众保持血肉联系，密切联系群众，把党的群众路线贯彻到治国理政全部活动之中，把权力用在为党分忧、为国尽责、为民造福上，立党为公、执政为民，方能不负时代、不负人民。"历史和现实都告诉我们，只要紧紧依靠人民、一切为了人民，充分激发广大人民顽强不屈的意志和坚韧不拔的毅力，我们就一定能够使最广大人民紧密团结在一起，

---

① 《习近平谈治国理政》第四卷，外文出版社2022年版，第63页。

不断创造中华民族新的历史辉煌。"①

（五）"以人民为中心"的发展思想

习近平总书记在诸多讲话中多次引用有关"民为邦本"的典故名言，在党的二十大报告中，把"坚持以人民为中心的发展思想"作为前进道路上必须牢牢把握的"五个重大原则"之一。"以人民为中心"的发展思想，彰显了"坚持人民至上"的价值取向，体现了人民的主体地位，其根本就是维护人民根本利益，增进民生福祉，实现发展为了人民、发展依靠人民、发展成果由人民共享的路线方针。

1. 始终坚持"全心全意为人民服务"的根本宗旨

全心全意为人民服务，是我们党的根本宗旨。1945 年 4 月 24 日，毛泽东同志在党的七大《论联合政府》的政治报告中明确指出，"我们共产党人区别于其他任何政党的又一个显著的标志，就是和最广大的人民群众取得最密切的联系。全心全意地为人民服务，一刻也不脱离群众；一切从人民的利益出发，而不是从个人或小集团的利益出发；向人民负责和向党的领导机关负责的一致性；这些就是我们的出发点。"② 从此，为

---

① 《习近平谈治国理政》第四卷，外文出版社 2022 年版，第 43 页。
② 《毛泽东选集》第三卷，人民出版社 1991 年版，第 1094—1095 页。

人民服务被写入党章。

　　坚持人民利益高于一切，"全心全意为人民服务"，是中国共产党始终坚持的根本宗旨，也是党的指导思想与传统民本思想"富民""利民""教民"价值指向主体和服务对象的本质区别。全心全意为人民服务，是爱民重民理念的集中体现，是"一切为了人民"、坚持"以人民为中心"发展理念的具体表现。"共产党人的一切言论行动，必须以合乎最广大人民群众的利益，为最广大人民群众所拥护为最高标准。"[①] 在如何实现最广大人民群众利益方面，毛泽东指出，最终要靠大力解放和发展生产力，他说："中国一切政党的政策及其实践在中国人民中所表现作用的好坏、大小，归根结底，看它是束缚生产力的，还是解放生产力的。"[②]

　　2012年12月29日，习近平总书记在河北省阜平县考察时指出，"我们讲宗旨，讲了很多话，但说到底还是为人民服务这句话。我们党就是为人民服务的。"[③]"以人民为中心"的发展思想，是以习近平同志为主要代表的中国共产党人，坚持唯物史观的基本原理为指导，与中国传统民本思想相结合提出的重大创新性理论成果；坚持人民至上，是习近平新时代中国特色社会主义思想的根本价值立场。习近平总书记深刻指出，

---

　　① 《毛泽东选集》第三卷，人民出版社1991年版，第1096页。

　　② 《毛泽东选集》第三卷，人民出版社1991年版，第1079页。

　　③ 习近平：《做焦裕禄式的县委书记》，中央文献出版社2015年版，第24页。

"党中央的政策好不好，要看乡亲们是笑还是哭。如果乡亲们笑，这就是好政策，要坚持；如果有人哭，说明政策还要完善和调整。"①

比如，党的十八届五中全会提出的"五大发展理念"，把"以人民为中心"作为发展必须坚持的首要原则与根本思想。"以人民为中心"的发展思想，就如一束"普照的真理之光"，在它的照耀下，呈现出了一幅最为宏伟的执政蓝图，即"创新发展"是为了给人民群众创造更高水平、更有质量的生活；"协调发展"是为了让不同地域、不同民族的人民群众都能与整个国家的发展保持大体同步；"绿色发展"是通过形成人与自然的和谐发展，回应人民群众对美好生活的追求；"开放发展"则让人民群众在更大范围内和更高水平上分享经济全球化带来的巨大红利；"共享发展"更是中国特色社会主义本质在发展领域的全面深入地展开，让中国社会的发展朝着共同富裕的方向稳步前进。既体现了中国传统民本思想的精华，也是践行马克思主义的必然要求和中国共产党的党性使然，"一切为了人民，一切依靠人民"的价值逻辑一以贯之。

2."人民对美好生活的向往"是党的奋斗目标

从人类社会的发展史来看，利益的追求是一切社会活动开

---

① 习近平：《论"三农"工作》，中央文献出版社 2022 年版，第 117—118 页。

展的直接动因，是促进社会历史发展的内在驱动力。因此，人民群众对美好生活的追求，是推动人类文明进步最持久的力量。中国共产党的发展历程表明，中国共产党自成立起，就始终把人民的利益作为最高的利益标准，中国共产党没有任何个人的利益。我们党干革命、搞建设、抓改革，都是为人民谋利益，让人民过上好日子。党的十八大以来，以习近平同志为核心的党中央再三强调，"人民对美好生活的向往就是我们的奋斗目标"①，只有"不忘初心"，才能"牢记使命"。

　　"以人民为中心"的发展思想，强调必须永远把人民对美好生活的向往作为奋斗目标。在理论上丰富和发展了马克思主义中国化的成果，在实践上致力于全方位满足人民群众对美好生活的向往。党的初心使命，"为中国人民谋幸福，为中华民族谋复兴"②；党的奋斗目标，"人民对美好生活的向往，就是我们的奋斗目标"③；改革发展成果，"在发展中保障和改善民生，保护和促进人权，做到发展为了人民、发展依靠人民、发展成果由人民共享，不断增强民众的幸福感、获得感、安全感，实现人的全面发展"④，出发点是人民、关注点是人民、落脚点也是人民。

---

① 《习近平谈治国理政》第三卷，外文出版社 2020 年版，第 234 页。

② 《习近平谈治国理政》第三卷，外文出版社 2020 年版，第 182 页。

③ 中共中央文献研究室编：《习近平关于社会主义社会建设论述摘编》，中央文献出版社 2017 年版，第 4 页。

④ 《习近平谈治国理政》第四卷，外文出版社 2022 年版，第 469 页。

习近平总书记指出："从建党的开天辟地，到新中国成立的改天换地，到改革开放的翻天覆地，再到党的十八大以来党和国家事业取得历史性成就、发生历史性变革，根本原因就在于我们党始终坚守了为中国人民谋幸福、为中华民族谋复兴的初心和使命。"[1] 中国共产党从未忘记自己的初心和使命。中国共产党诞生于国家内忧外患之际、民族危难之时，从诞生之日起就把为中国人民谋幸福、为中华民族谋复兴作为自己的初心和使命。这个初心和使命是激励共产党人不断前进的根本动力。

3. "中华民族伟大复兴中国梦"依靠人民去实现

中国梦是每个中国人民的梦，每个人梦想的最终实现是保障中国梦最终实现的基础。人民群众作为中华民族伟大复兴中国梦的主体，在中国梦的伟大实践过程中，充分体现着历史创造者的地位，以及党的力量之源、执政之基的作用价值。社会主义道路是人民的选择，中国梦的实践也必须秉承以民为本的执政原则，紧紧团结人民和依靠人民。

中华民族伟大复兴中国梦代表了全体人民的事业和追求，是亿万人民自己的事业。"中国梦归根到底是人民的梦，必须紧紧依靠人民来实现。"[2] 人民群众追求梦想的过程，也同样是

---

① 《习近平谈治国理政》第四卷，外文出版社 2022 年版，第 43 页。
② 《习近平谈治国理政》第一卷，外文出版社 2018 年版，第 40 页。

与时代、与国家同步发展的过程。人民幸福以国富民强为基础条件，国富民强同样也以人民幸福为重要表征，国家富强与人民幸福内在统一。国富民强最终体现于人民幸福，只有始终坚持人民幸福的国家富强才是真正的富强，人民幸福才是民族实现伟大复兴的真正体现。

习近平新时代中国特色社会主义思想真正站稳人民立场，从普通百姓的视角将中国梦化作每个人的成长梦、幸福梦，共享经济、政治、文化、社会、生态各方面建设成果，伟大复兴的中国梦才有了现实的积淀和实现的必然。

习近平新时代中国特色社会主义思想，注重让人民群众"富口袋"，更注重让人民群众"富脑袋"，不断满足人民群众的精神需求，让每一个人都能"靠勤劳双手成就属于自己的人生精彩"①。真正实现人的自由而全面的发展这一发展的根本追求问题，也是贯彻落实"以人民为中心"发展思想的具体体现，是继承与弘扬中华民族优良传统的内在要求，更是新时代坚持和发展中国特色社会主义的题中应有之义。

---

① 《习近平谈治国理政》第四卷，外文出版社 2022 年版，第 61 页。

结语："为什么人的问题"是根本性原则性问题

　　"天下之治乱，不在一姓之兴亡，而在万民之忧乐。"（《明夷待访录·原臣》）齐鲁文化中以民为本的民本思想是先秦诸子百家的共识，充分肯定了占社会多数的"民"在政治生活中的根本地位和决定作用，强调执政者的治理实践要以满足民众的基本需要为目的，在政治上保民安民、在经济上惠民富民、在文化上教民化民。尽管诸子百家对民本思想的主张侧重各有不同，但最终殊途同归，都将百姓视作国家的根本。比如，墨家主张兼爱、非攻、尚贤、尚同、节葬、节用，展现出了强烈的民本精神。法家虽主张重刑重法，却并非全然不顾及百姓。据记载，商鞅在朝堂关于变法利弊的辩论中，将民本思想作为推行变法革新的重要动力，提出："法者，所以爱民也；礼者，所以便事也。是以圣人苟可以强国，不法其故；苟可以利民，不循其礼。"（《商君书·更法》）

民本思想是儒家的核心思想之一，其"仁政"思想的核心内容就是以民为本、仁政爱民。伴随着中华民族几千年传统封建社会的发展史，其间不乏诸多的仁君明主重视、实施并践行民本思想，从而让民众在一定程度上能够得以安居乐业，促进了当时经济的发展，也造就了历史上的治世盛世。

为什么人的问题，是一个政党的根本性原则性问题。回顾党的百年辉煌历史和新中国发展史，中国共产党始终把人民的利益放在至高无上的地位。党的根基在人民、血脉在人民、力量在人民，人民是我们党执政的最大底气。马克思主义传到中国，以真理之光激活了中华民族的文明基因，中华优秀传统文化包括传统民本思想实现了从传统到现代的转型与超越。在此过程中，中国共产党人始终坚持马克思主义"人民性"的根本属性，继承传统民本思想中"以民为本"的价值理念，创造性地提出了"人民当家作主"的指导思想、坚持"以人民为中心"的发展理念、始终坚持"人民至上"的根本价值立场，也完成了对传统民本思想的发展、创新和超越。

　　中国共产党人一以贯之地践行着"一切为了人民，一切依靠人民"的初心使命。新时代，习近平总书记多次引用"政之所兴在顺民心，政之所废在逆民心"的古语，来进一步阐释"以民为本"的深刻含义，人民群众是治国理政各项政策目标的真正惠及者，政策及其绩效的好与坏，干部优与差，人民群众的幸福感、获得感、安全感是最大的体现。一切工作方针，要以群众满意为导向，践行群众路线、密切联系群众，深入实际搞好调查研究，掌握民情、反映民意、顺应民心；各级领导干部要敢担当、有作为，克己奉公、务实清廉；要让群众得到实实在在的物质和精神上的实惠，比如，在住房、收入、教育、医疗、养老等方面有保障；要让每个人都有梦想、有追求，活得更有尊严、更有体面，能够真正享受公平公正的权利，让人民群众在全面建成小康社会和实现"中国梦"的道路上赢得出彩的人生。习近平总书记的重要讲话，为我们践行党全心全意为人民服务的宗旨，坚持"立党为公、执政为民"的执政理念，提供了根本遵循。

中国共产党的历史，就是与人民同呼吸、共命运、心连心的历史。实现好、维护好和发展好人民的利益既是我们党继往开来、奋勇前进的不竭动力，也是党在革命、建设、改革各个历史时期获得群众信赖与支持的根本原因。"以人民为中心"、坚持"人民至上"，是习近平新时代中国特色社会主义思想的根本价值立场，是马克思主义基本原理同中国具体实际相结合、同中华优秀传统文化相结合的逻辑必然，是党百年奋斗和实践的根本历史经验总结，是传承、弘扬、创新传统民本思想的使命和责任担当。在新时代和新发展阶段，只有坚持人民至上，依靠人民创造历史伟业，才能为实现中华民族伟大复兴的中国梦提供源源不断的力量。

参考文献

《列宁全集》第 34 卷，人民出版社 1985 年版。

《马克思恩格斯文集》第 1 卷，人民出版社 2009 年版。

《毛泽东选集》第一卷，人民出版社 1991 年版。

《毛泽东选集》第二卷，人民出版社 1991 年版。

《毛泽东选集》第三卷，人民出版社 1991 年版。

《毛泽东选集》第四卷，人民出版社 1991 年版。

《毛泽东文集》第三卷，人民出版社 1996 年版。

中共中央文献研究室编：《毛泽东年谱（1893—1949)》（修订本）中卷，中央文献出版社 2013 年版。

《习近平著作选读》第一卷，人民出版社 2023 年版。

《习近平谈治国理政》第一卷，外文出版社 2018 年版。

《习近平谈治国理政》第二卷，外文出版社 2017 年版。

《习近平谈治国理政》第三卷，外文出版社 2020 年版。

《习近平谈治国理政》第四卷，外文出版社 2022 年版。

习近平：《论坚持人民当家作主》，中央文献出版社 2021 年版。

习近平：《干在实处走在前列——推进浙江新发展的思考与实践》，中共中央党校出版社 2016 年版。

习近平:《论"三农"工作》,中央文献出版社 2022 年版。

习近平:《在"七一勋章"颁授仪式上的讲话》,人民出版社 2021 年版。

习近平:《做焦裕禄式的县委书记》,中央文献出版社 2015 年版。

习近平:《论把握新发展阶段、贯彻新发展理念、构建新发展格局》,中央文献出版社 2021 年版。

中共中央文献研究室编:《习近平关于社会主义社会建设论述摘编》,中央文献出版社 2017 年版。

中共中央文献研究室编:《改革开放三十年重要文献选编》下,中央文献出版社 2008 年版。

中共中央文献研究室编:《建国以来重要文献选编》第十三册,中央文献出版社 1996 年版。

中共中央文献研究室编:《十四大以来重要文献选编》中,人民出版社 1997 年版。

中共中央文献研究室著,胡绳主编:《中国共产党的七十年》,中共党史出版社 1991 年版。

本书编写组:《中国共产党简史》,中共党史出版社 2021 年版。

梁启超:《先秦政治思想史》,商务印书馆 2014 年版。

钱穆:《中国历史精神》,九州出版社 2012 年版。

冯友兰:《中国哲学史》上册,华东师范大学出版社 2011 年版。

李宪堂:《先秦儒家的专制主义精神》,中国人民大学出版社 2003 年版。

诸凤娟：《民本思想的发展逻辑及当代价值》，浙江大学出版社2012年版。

王荣：《中国传统文化中的民本与官德》，人民出版社2020年版。

张分田：《民本思想与中国古代统治思想》上册，南开大学出版社2009年版。

刘泽华：《中国古代政治思想史》（修订本），南开大学出版社2001年版。

杨丙安：《十一家注孙子校理》，中华书局1999年版。

白奚：《稷下学研究》，生活·读书·新知三联书店1998年版。

梁启超：《先秦政治思想史》，岳麓书社2010年版。

柳诒徵：《中国文化史》，岳麓书社2010年版。

罗焌：《诸子学述》，华东师范大学出版社2008年版。

罗根泽：《管子探源》，岳麓书社2010年版。

吕思勉：《先秦史》，上海古籍出版社2005年版。

张觉：《荀子译注》，上海古籍出版社2004年版。

汤化译注：《晏子春秋》，中华书局2011年版。

（清）阮元校刻：《十三经注疏》，中华书局1980年版。

王国轩、王秀梅译注：《孔子家语》，中华书局2011年版。

王志民：《齐鲁文化与中华文明：王志民学术讲演录》，人民文学出版社2015年版。

韦政通：《中国思想史》，上海书店出版社2004年版。

邵先锋：《〈管子〉与〈晏子春秋〉治国思想比较研究》，齐鲁书社 2008 年版。

徐树梓:《晏子研究》,社会科学文献出版社 1992 年版。

徐正英、常佩雨译注:《周礼》(上下),中华书局 2022 年版。

(清)严万里:《商君书》,中华书局 1954 年版。

杨伯峻:《列子集释》,中华书局 1979 年版。

杨伯峻:《孟子译注》,中华书局 2010 年版。

杨伯峻:《论语译注》,中华书局 2013 年版。

杨宽:《战国史》,上海人民出版社 1980 年版。

俞荣根:《儒家法思想通论》,广西人民出版社 1992 年版。

杨向奎:《中国历史百题》(一),中华书局 1992 年版。

王博:《中国儒学史·先秦卷》,北京大学出版社 2011 年版。

徐复观:《中国人性论史·先秦篇》,华东师范大学出版社 2005
年版。

滕复编:《默然不说声如雷——马一浮新儒学论著辑要》,中国
广播电视出版社 1995 年版。

恒瑞、方真等:《当代中国科学发展观论纲》,广东人民出版社
2006 年版。

杨朝明、宋立林:《孔子家语通解》,齐鲁书社 2013 年版。

[美]施拉姆:《毛泽东的思想》,刘李胜、陈建涛编译,中央
文献出版社 1990 年版。

于光荣:《孔子、孟子和荀子的富民思想简论》,《广西教育学
院学报》2000 年第 2 期。

陈来:《论道德的政治——儒家政治哲学的特质》,《中国哲学

研究》2010 年第 1 期。

张越：《富民思想——齐文化的精神内核》，《东岳论丛》2006
年第 6 期。

周军伟：《先秦秦汉的教民思想与实践述论》，《山东师范大学
学报（人文社会科学版)》2005 年第 5 期。

张军强：《孟子的"贵民说"与"牧民说"》，《山西高等学校社
会科学学报》2008 年第 8 期。

李鸿才：《民本视野下孟子"贵民说"辨析》，《郑州大学学报
(哲学社会科学版)》2007 年第 5 期。

张越、张杰：《富民：齐国治国思想的基石》，《理论学刊》2006
年第 12 期。